Freiherr von Thielmann

Pro Caesare - sozial-conservative Betrachtungen

Freiherr von Thielmann

Pro Caesare - sozial-conservative Betrachtungen

ISBN/EAN: 9783744622400

Hergestellt in Europa, USA, Kanada, Australien, Japan

Cover: Foto ©ninafisch / pixelio.de

Weitere Bücher finden Sie auf **www.hansebooks.com**

Pro Caesare.

Social-conservative Betrachtungen

von

Freiherr von Thielmann.

Berlin, 1878.
Puttkammer und Mühlbrecht.
Buchhandlung für Staats- und Rechtswissenschaft.
64 Unter den Linden.

Vorrede.

Ich beabsichtige in dieser Schrift die Nothwendigkeit einer größeren Concentration, eines Vorwiegens des staatlichen Gedankens in Deutschland zu zeigen.

Ich glaube, daß neben dieser sich schneller oder langsamer vollziehenden Umwälzung in unseren Einrichtungen, die freie Entfaltung, die Unterstützung einer idealen Lebensanschauung, die im größten Theile unseres Volkes nur auf religiöser Grundlage gedeihen kann, zur Erhaltung eines sittlichen Kernes im deutschen Volkscharakter, erstrebenswerth und politisch geboten ist.

Nur durch die Erfüllung dieser beiden Forderungen, die einander keineswegs entgegenstehen oder gar sich gegenseitig ausschließen, kann meiner Ansicht nach die Wohlfahrt unseres Vaterlands gedeihen, und seine Zukunft gesichert werden.

Wenn ich nun mit philosophischen Excursionen, gewissermaßen ab ovo beginne, so weiß ich wohl, daß diese ersten Capitel gar Manchen von Lesung der Schrift überhaupt abschrecken werden; ich weiß auch, daß die Zeit, in der ich dieselben niederschrieb (sie gehören meist wortgetreu der im Jahre 1874 von mir veröffentlichten Schrift „Socialpolitisches, von einem Feudalen" an) schon allzuweit von ernsthaften Studien meinerseits entfernt lag, als daß ich jede einzelne Ansicht unter wissenschaftlichen Beweis hätte stellen können.

Wenn ich nun trotzdem, gegen den Rath guter Freunde, mich nicht entschließen konnte, diese Capitel fortzulassen, so hinderte mich daran die Ueberzeugung, daß diejenigen, welche sich für meine Schlußfolgerungen interessiren (und für diese schreibe ich doch nur) zum Verständniß derselben nothwendigerweise auch die Grundanschauungen kennen müssen, auf welche sie sich stützen, sollten letztere auch mehr Gefühle als bewiesene Thatsachen enthalten.

In jener früher veröffentlichten Studie, die in das Publikum gedrungen ist, hatte ich den Entwicklungsgang, wie ich ihn heute für Deutschland prognosticire, als wahrscheinlich allerdings schon hingestellt, ich glaubte jedoch die Möglichkeit offen lassen zu müssen, daß die Schäden unserer socialen und politischen Lage durch eine wahre Selbstverwaltung, durch eine Reformation nach partikularistischer Seite hin geheilt werden könnten. — An eine derartige Möglichkeit glaube ich heute nicht mehr, da die meisten Vorbedingungen fehlen, welche diese partikularistische Selbstverwaltung hätten fruchtbar machen können. Einen Irrthum jedoch, dessen ich mich damals schuldig machte, muß ich noch erwähnen; er bestand in der schiefen Beurtheilung des französischen Bonapartismus; ich schob den Schmutz, den ich mit eignen Augen an demselben hatte kleben sehen, auf Rechnung des innersten Wesens dieser Regierungsform, während er doch nur der neuen Dynastie zur Last fiel, die in den Mitteln nicht wählerisch sein durfte, um sich am Ruder zu erhalten. — Aehnliche Mittel, wie sie der Bonapartismus anwendet, halte ich mutatis mutandis auch für Deutschland anwendbar und nothwendig. — Das Gewicht, das ich auf Beendigung des heute noch schwebenden Kulturkampfes lege, findet in der Stellung, welche der Klerus und die von ihm beeinflußte Laienwelt in Frankreich zu jener Regierungsform naturgemäßer Weise annehmen mußte, und die bei uns unter ähnlichen Verhältnissen analog sein würde, zum Theil seine Begründung. Auch in Deutschland enthalten die von religiösen Principien geleiteten Klassen die social-conservativen Elemente noch am meisten, welche einer Politik, wie ich sie wünsche, zu Stützen dienen könnten. — Die Vorbedingung hierzu, das Heraustreten dieser Elemente aus ihrer latanten Stellung in den staatlich-socialen Fragen, ist aber selbstverständlich das Aufhören des inneren Kampfes, die Auflösung dieser Partheien ad hoc.

Innerlich berechtigt in unserm Partheileben sind überhaupt jetzt nur noch die liberale als herrschende, und die sociale Parthei als dereinstiger Erbe dieser Herrschaft, eine jede mit nothwendiger Theilung nach links und rechts. Eine sociale, nach letzterer Richtung hin, existirt aber leider nicht, und muß die Bildung derselben eben noch der Zukunft anheimgegeben werden.

Wenn meine Schrift auch nur zum kleinen Bruchtheile hierzu mitwirken, wenn sie zur Klärung beitragen würde, sollte dies auch nur bei einzelnen Fragen, auch nur bei einzelnen Personen der Fall sein — dann hat sie ihren Zweck erfüllt.

Jakobsdorf, im Januar 1878.

Inhalt.

Erstes Kapitel.

Grundbedingungen des menschlichen Daseins. Alterthum, Mittelalter, Absolute Periode.

Die organische Welt unseres Planeten theilt sich in drei Hauptklassen, Pflanze, Thier und Mensch, denen mehrere Unterscheidungsmomente innewohnen. Eins derselben beruht auf der verschiedenen Art, ihre Gattung zu erhalten und fortzupflanzen. Ist der Pflanze ein Blühen und Samenstreuen gegeben, ein Wechsel des Samens mit der Frucht, der sich auf physischem Wege überall dort vollzieht, wo die Lebensbedingungen der Pflanze sich vorfinden, so bedarf das Thier schon eines äußeren Hülfsmittels eines Hülfsmittels, das es nicht in der Existenz seines Körpers, und in den materiellen Fähigkeiten desselben findet; es bedarf des Instinkts. Der Instinkt muß es leiten, vor Gefahren bewahren, und so seine Fortpflanzung im Lebenskampfe sichern.

Beim Menschen tritt die Zweitheilung, auf der sein Dasein beruht, klarer zu Tage. Hier sind es zwei anscheinend sich bekämpfende Prinzipien, die ihm die Erhaltung seiner Gattung gewährleisten — der Realismus und der Idealismus, das Prinzip des Nehmens und das des Gebens, das des Genießens und das des Entbehrens, das des Schaffens und das des Opferns. —

Beide Lebensprinzipien liegen als Keime in jedem einzelnen Menschen, sind bestrebt, die Oberherrschaft in ihm zu erringen und seine geistigen und körperlichen Kräfte nur nach der einen Richtung hin zu entwickeln. Beide sind für ihn unentbehrlich, beide treten in der menschlichen Gesellschaft als Institutionen an das Tageslicht, welche nun in äußerlich greifbarer Form die Regeln und Gesetze für die Gesellschaft diktiren.

1

Das richtige Verhältniß, das Gleichgewicht, das zwischen beiden Lebensprinzipien und den aus ihnen entnommenen gesellschaftlichen Einrichtungen herrschen muß, ist daher, wie zur gesunden Ent= wickelung des Einzelnen, so auch zum Fortbestehen und Gedeihen der Nationen erforderlich. Dies Gleichgewicht bedingt jedoch für den Idealismus, als den vornehmeren, ein präcipuum aus.

Der Mensch verdankt also seine Stellung über dem Thier= reiche dieser Welt der Aufopferungsfähigkeit, der Selbstlosigkeit seines Gleichen gegenüber. — Das dunkle Gefühl, der Instinkt, der auch im Menschen thätig ist, giebt ihm diese Aufopferungsfähigkeit nur in geringem Grade — der Mutter zum Kinde, dem Gatten zum Gatten — und würde für sich allein ihm weder eine höhere Stellung anweisen, als auch einzelnen Thierarten, zu denen er körperlich gehört, noch würde er ihm erlauben eine menschliche Gesellschaft zu bilden.

Der Idealismus, der jedem menschlichen Individuum innewohnt, und der sich in der Religion, im Sittengesetz, in der Vaterlandsliebe, im Ehrgefühl äußert, ist das nothwendige Supplement, das den Menschen befähigt, sein eigenes Wohl dem der Menschheit unterzuordnen und hierdurch das Gedeihen derselben zu sichern. — Unter diesem Schutze, und durch den Idealismus scharf begrenzt, darf und muß sich die materielle Seite des Menschen, sein Erfindungsgeist, sein Erwerbssinn, die Fähigkeit seine natür= lichen körperlichen Kräfte am gewinnbringendsten auszunützen, entwickeln.

Es giebt noch manche Unterabtheilungen des Idealismus, als dichterischer, künstlerischer und andere, doch diese fallen der Masse gegenüber so wenig in's Gewicht, daß ich sie übergehen kann. Nur einen, ich will ihn den philosophischen nennen, muß ich noch erwähnen. Er bewegt sich in einem Ideen=Kreislauf, der das jeweilige Resultat der Menge als Wahrheit hinhaltend, von dieser nur halb verstanden, und in seinen Consequenzen nie erfaßt, zur Rechtfertigung der Läugnung alles Idealismus überhaupt, dieses ersten Grundgesetzes der Menschheit, zu Zeiten benutzt werden kann.

Diesem philosophischen Idealismus ist eine Mitschuld an der unnatürlichen Gestaltung des heutigen staatlichen Lebens in Europa beizumessen, denn er ist es, der den natürlichen und gesunden Realismus zu einem flachen Materialismus hat ausarten lassen, wie er sich jetzt in immer weiteren Kreisen Bahn bricht. Die Grundlage der Existenz der Menschheit habe ich genannt. Diese Grundlage ist überall dieselbe. Der Bau der Gesellschaft, der sich auf dieser Grundlage erhebt, ist ja nach Völkerfamilie und Vorgeschichte ein verschiedener.

Um mich nicht zu weit zu verlieren, muß ich die mit am stärksten verbreiteten Menschenracen in Asien und Afrika unerwähnt lassen, auch die östlichen Stämme der indogermanischen Race stehen mit uns nicht in einer solchen Verbindung, als daß sie auf unsere Entwickelung einen entscheidenden Einfluß ausüben könnten, zumal ihre Lebensbedingungen mehr passiver Natur sind; ich will daher nur von der Völkerfamilie, die den Westen Europa's (und jetzt auch Amerika) inne hat, Romanen und Germanen, sprechen, die vielfach gemischt, in steter Wechselbeziehung, seit anderthalb Jahr= tausenden gewissermaßen ein Staatsgebäude bewohnen.

Doch das Gebäude, in dessen Räumen wir jetzt mit Fran= zosen und Engländern, Schweden und Spaniern, Amerikanern und Italienern zusammen hausen, ist neueren Datums; ein schöner Bau unbedingt, besonders mit prächtiger Façade und Verzierungen aller Arten; nur schade, daß das Mauerwerk schon bedenklich an= gefressen, daß das Gebälk vom Wurm zernagt, ein Knistern und Knastern hören läßt, das den Aufenthalt in diesem Bau mit jedem Jahre unbehaglicher macht. Bevor wir aber die Ursachen dieser wenig soliden Bauart betrachten, bevor wir auf Mittel und Wege sinnen, den Bau zu stützen und zu verbessern, wollen wir uns noch zwei Ruinen ansehen, welche vor Zeiten dieselbe Völker= familie beherbergt haben.

Da liegt, mit den Ueberresten korinthischer Säulenkapitäler den Boden deckend, das Alterthum, mit finsteren Mauern steht das Mittelalter vor unseren Augen. Von früheren Bauten sind die letzten Spuren fast verschwunden.

———

Das Alterthum hatte sein Staatsgebäude auf der allgemeinen menschlichen Grundlage errichtet wie Mittelalter und Neuzeit; nur hatte es seinem Idealismus feste Schranken gesetzt; es hatte die Gesellschaft in zwei Theile getheilt, von denen der eine das ideale, der andere das materielle Bedürfniß von Staatswegen zu befriedigen hatte; Sieger und Besiegter, Bürger und Barbar waren zwei Personen, die nur durch die menschlichen Gesichtszüge sich ähnlich sahen, mit einem Worte, das Alterthum basirte auf der Sklaverei.

Die Hingabe der Persönlichkeit dem Staate gegenüber, die Vaterlandsliebe, ein festes, wenn auch vom unsrigen weit abwei= chendes Sittengesetz, künstlerischer, philosophischer Idealismus, er= langten zur Blüthezeit des Alterthums bei dem herrschenden Theile einen Höhepunkt, der in der späteren Geschichte nur selten erreicht wurde. Doch auch Griechen und Römer erkannten die religiöse Idee als den Hauptzweig des Idealismus an, dem jeder andere unterzuordnen sei. Toleranz in religiösen Sachen konnten sie daher dem Besiegten gegenüber wohl walten lassen, da grade hierdurch der Abstand, der ihn vom Sieger schied, am deutlichsten gekennzeichnet wurde, dem Stammgenossen gegenüber wurde die Mißachtung, und wenn sie auch nur die religiöse Form betraf, geahndet. Der Giftbecher des Sokrates beweist es. — Wenn uns diese Religionsform, wie sie uns nur in unvollkom= mener und meist äußerlicher Art überliefert ist, oft als eine geist= reiche Spielerei erscheint, auf welche schon die Gebildeten der da= maligen Zeit mit einem Lächeln herabsahen, so ist erstens die Blüthezeit von dem beginnenden Verfall zu scheiden, und dürfen wir dann auch nicht außer Acht lassen, daß das Schriftstellerthum des Alterthums, das auf uns gekommen, meist schon der zweiten Periode angehört, wo der zunehmende Materialismus der herr= schenden Klasse Mode zu werden begann, und hiermit grade den Verfall des Alterthums einleitete. Denn das Alterthum ist am Ueberwuchern des Materialismus zu Grunde gegangen, der Fun= dament und Mauerwerk dieses stolzen Gebäudes wie ein giftiger Schwamm durchfressen hatte und hierdurch seinen Sturz bewirkte.

Doch neues Leben blüht aus den Ruinen, — und grade dieser Materialismus, der den Verfall des Alterthums bedingte, er gab den fruchtbaren Boden ab, auf dem der Keim zur Blüthe des idealen menschlichen Lebens Nahrung fand, er nährte die Pflanze, bis sie groß und mächtig geworden, ihr Wurzelwerk in dem Schutt= und Trümmerhaufen der alten Welt ausgebreitet und befestigt hatte, so daß sie nun als selbständiges Gebilde die neue Form abgab, unter der sie die Völkerfamilie Europa's be= schützte. Wir nannten sie das Mittelalter.

Sein Charakter ist seine Entstehungsart — das Christen= thum. Auf ihm basirte es vom Anfang bis an sein Ende.

Es ist ein Gesetz jedes Idealismus, daß er eine Zergliederung sei= nes Wesens verabscheut. Dies ist sein Recht und eine Nothwendigkeit. Das Seciren ist überhaupt ein häßliches Geschäft. Trotzdem ist es eine Pflicht für den, der krankhafte Zustände erkennen und heilen will. Wenn auch von mir nur das Erstere erstrebt wird, so muß ich doch zwischen der äußerlichen, der historischen und der innerlichen, der rein ideellen Seite des Christenthums unterscheiden, wenngleich beide sich gegenseitig bedingen, und nur vereint eine christliche Religion bilden können.

Die Jahrhunderte, die das Hinsterben des Alterthums be= zeichnen, sind es, die fast allein die ideelle Seite des Christen= thums an den Tag treten lassen. Die christliche Idee, auch wenn ihr die christliche Historie nicht zur Seite gestanden hätte, war eine Nothwendigkeit geworden, um eine Gesellschaft zu halten und zu erretten, die ohne dieselbe dem Untergang sicher anheimgefallen wäre; wie wir zu jeder, auch zu unserer Zeit, Staaten und Racen am Materialismus hinsiechen und zerfallen sehen. Keine gegliederte Secte mit fest abgeschlossenen Geboten führte den Kampf gegen das Weltreich, sondern Aufopferung und Menschenliebe waren die Waffen der neuen Idee, ihr Hauptgesetz das Beispiel.

Später, als der Sieg erfochten, erlangte naturgemäßer Weise die christliche Historie die Hauptwichtigkeit, da sie nun den Grund= pfeiler abzugeben hatte, an den das Staatsgebäude sich anlehnte.

Doch das vorhandene Material bestimmt stets in Etwas die Construction des Gebäudes, und so sehen wir auch das Mittel= alter nach Ueberwindung der anarchischen Zwischenperiode, manch= staatliche Institution der alten Zeit herübernehmen oder nur alle mählich umformen.

Hatte das Alterthum die Zweitheilung der Gesellschaft, so nahm das Mittelalter das Klassensystem an, das sich allmählich aus dem Lehnswesen entwickelt hatte; als oberste, als civilisatorische Klasse die Geistlichkeit, welche allen Institutionen den christlichen Charakter aufprägen sollte. Die Sklaverei ging in ein Abhängigkeitsverhältniß über; die Corporationen, die sich innerhalb der verschiedenen Klassen bildeten, waren nach allen Seiten hin abgeschlossen und gaben ihren Mitgliedern durch die genaue Regelung der gegenseitigen Rechte und Pflichten eine Art von Versicherung gegen Unglücksfälle und die Gefahren, die keine Gestaltung der Welt aus dem menschlichen Leben entfernen kann. Das Einwirken der Masse des Volkes auf die staatliche Entwickelung war daher durch die Interessen der Klassen und Corporationen bedingt, die gesundeste Betheiligung des Gesammtvolkes an der Leitung der allgemeinen Angelegenheiten. *)

Hätte das Mittelalter es verstanden, in späterer Zeit ein richtiges Gleichgewicht innerhalb der von ihm geschaffenen Klassentheilung herzustellen, so würden wir heute nicht das Ende des 15. Jahrhunderts als Schluß dieser Periode bezeichnen. Was seine Kraft und Stärke beim Beginn ausmachte, das Ueberwiegen des geistlichen Elements, wurde später seine Schwäche, da der Zweck, der die höhere Stellung der Geistlichkeit rechtfertigte, die Europäische Gesellschaft zu christianisiren, allmählig durch rein weltliche Herrschaft ersetzt wurde, die dem idealen Bedürfniß gleichgültig, dem materiellen, so weit es nicht dem eigenen Nutzen diente, feindselig entgegentrat.

Zudem hatte das Verhältniß der Rechte und Pflichten, das die höheren mit den niederen Ständen verband, sich gelockert, und es trat der Fall ein, der in der alten Welt, innerhalb des herr-

---

*) Bei der Aufstellung jedes absoluten Satzes giebt es ein Dutzend wirkliche Ausnahmen und hundert scheinbare Gegenbeweise, immer und überall finden Uebergänge statt, welche die wahre Form oft schwer erkennen lassen. Da ich jedoch nur eine eng abgegrenzte Brochüre zu schreiben beabsichtige, so kann ich weder die Ausnahmen nennen, noch die scheinbaren Gegenbeweise entkräften, und muß die Uebergänge meist unerwähnt lassen. Ich will hier nur im Voraus bemerken, daß bei unserer heutigen Entwickelung ein Zurückgreifen in das Klassensystem eben so widersinnig und unmöglich wäre, als etwa die Wiedereinführung der Sklaverei.

schenden Theiles, die tyrannis bewirkte — das feudale Band wurde zerrissen und die absolute Monarchie, gerechtfertigt und hervorgerufen durch die Vernachlässigung der Interessen der Massen, trat an Stelle der Klassenherrschaft.

So ging das Mittelalter nicht am Materialismus zu Grunde, sondern an der Starrheit der Formen, die es sich gesetzt, an dem Widerstande, den es in diesen starren Formen dem berechtigten Materialismus entgegenhielt, und hauptsächlich daran, daß die Klassentheilung, welche Rechte und Pflichten vertheilte, eine un=wahre geworden war.

Dies waren die beiden Gebäude, die uns einst beherbergt, und die jetzt nur noch als schattenhafte Ruinen vor unserm geistigen Auge stehen.

Die absolute Monarchie erhob sich also auf den Trümmern des Mittelalters.

Während im Alterthum derartige Revolutionen in der Re=gierungsform nur einen Bruchtheil betrafen, und die Gesammtbe=völkerung hiervon nicht berührt wurde, hatte jetzt die Aufrichtung der absoluten Monarchie eine so allgemein eingreifende Wirkung, daß der Charakter der Gesellschaft dadurch einer tiefgehenden Aende=rung sich nicht entziehen konnte.

Gleichzeitig trat die schon seit lange vorbereitete Trennung innerhalb der christlichen Kirche des Occidents an den Tag, her=vorgerufen sowohl durch Mißbräuche, welche eine lange Herrschaft bei derselben sich hatte einschleichen lassen, als auch durch die ver=schiedene religiöse Grundauffassung der beiden Hauptvölker West=europa's, der Romanen und Germanen.

Erstere, mit Formensinn und Einbildungskraft begabt, ver=langten von je eine äußerliche Dokumentirung, eine immer faßbare Erneuerung der christlichen Idee und christlichen Historie; letztere mit einer mehr geistigen und innerlichen Auffassung der religiösen Wahrheit einerseits, und andererseits mit einem stetigen Bedürfniß der Kritik (mehr als der Logik) widersetzten sich Beidem.

Die arianischen Streitigkeiten, von den germanischen Völker=schaften durch Jahrhunderte fortgepflanzt bis auf den heutigen

Altkatholicismus (das Wort ist ein Witz), sind auf die Verschie=
denheit dieser Anschauungsweise zurückzuführen.*)

Doch da ich schließlich von dem größtentheils germanischen
Preußen sprechen will, muß ich noch kurz den Verlauf der kirch=
lichen Reformation erwähnen. — Zu ungefähr derselben Zeit in
allen germanischen Staaten auftauchend, schlug dieselbe in England
nach einem idealen Versuche zur Zeit der englischen Revolution,
in der die germanisch=christliche Auffassung der religiösen Idee in
edelster Form hervortrat, bald wieder eine katholisirende Richtung
ein; in der Schweiz und Süddeutschland, besonders von Calvin,
in folgerichtiger und staatlich praktischer Weise durchgeführt, konnte
sie sich auf die Länge in ihrer Reinheit als reformirte Kirche nur
in wenigen Staaten behaupten, und litt durch die Streitigkeiten
sowohl als durch die Vereinigungsversuche mit den Anhängern
Luther's, dessen Lehren Norddeutschland acceptirte.

Luther hatte die Anlehnung an die staatliche Gewalt, um
der Reformation Eingang zu verschaffen, für unerläßlich gehalten,
was späterhin zu einem Hauptmoment der Schwäche umschlagen
mußte, an der die evangelische Kirche noch heute krankt.

Die absolute Monarchie, die in Frankreich und Spanien Ein=
heitsstaaten geschaffen hatte, zersplitterte sich in Deutschland und
Italien zu einer großen Anzahl kleiner Reiche. Fast überall ver=
ließ sie aber bald die Idee, welche ihre Existenz zu einer berech=
tigten gemacht hatte, sah sich als Selbstzweck an (Brandenburg
und später Preußen finden wir meist als rühmliche Ausnahme)
und benutzte die Klassen, über die sie sich geschwungen, vor Allem
Geistlichkeit und Adel, um nun d u r c h dieselben ihre Herrschaft
auszubreiten und zu befestigen. Dem Aufschwung in materieller
Prosperität, welche das 16. Jahrhundert ausgezeichnet, hatte die
einseitige Verfolgung dynastischer Zwecke eine Stagnation, wenn
nicht wirkliche Rückschritte, folgen lassen. Die große Revolution,

---

*) Die Ideenverbindung hat beim Germanen dieselbe oder eine ähnliche
Wirkung, welche das Bild, die Form beim Romanen erzeugt (das Opfer). Das
Bild, das Ideal wirkt direkt durch das Gefühl, die Ideenverbindung indirekt
durch den Verstand, der die Nützlichkeit, Nothwendigkeit und Schönheit des Opfers
sich zu beweisen sucht.

die am Ende des 18. Jahrhunderts Frankreich zum Ausgangs-
punkte nahm, war das Resultat dieser Politik. Mit ihr beginnt
die Periode des Europäischen Staatenlebens, in der wir uns noch
heute befinden. Mit ihrem Siege sehen wir auch die Unterschiede,
die das Germanenthum vom Romanenthum geschieden, mehr und
mehr verschwinden, da eine gemeinsame Grundlage, die neuere
Civilisation, bei beiden zu ähnlichen Consequenzen in der Volks-
entwickelung führen mußte.

Zweites Kapitel.

––––––––

Es ist ein Vorzug der Westeuropäischen Gesellschaft, ein Be=
weis höherer Gesittung, gegenüber den theokratischen Despotieen
der östlichen Stämme der indogermanischen Familie, daß die
meisten Revolutionen von den oberen Schichten ausgehend, sich
zu den unteren fortpflanzen. *) Hier ist es eine bewegende Idee,
die Hoffnung, die menschliche Gesellschaft auf eine neue bessere
Grundlage zu stellen, dort die materielle Noth, oder Raub= und
Habgier, welche staatliche Umwälzungen hervorrufen. Und zeigt
sich die Hoffnung hinterher auch als eine trügerische, so ist sie
doch entschuldbarer als die Kämpfe, die stets nur den Wechsel
der Bedrücker und Bedrückten, nie aber die Bedrückung selbst
ändern können.

Diese treibende Idee, welche Europa in kurzer Zeit mit einem
völlig neuen Gewande bekleiden sollte, war zwiefacher Natur, sie
hatte ihre ideale und ihre materielle Seite, wenn auch der Ein=
zelne meist nur eine derselben zu sehen wähnte.

Die ideale Bewegung hatte die Fahne der Humanität
erhoben und begann den Kampf gegen die absolute Staatsform
sowohl als gegen das überlieferte Christenthum und die Religion

––––––––

*) Nur die Unnatur der Verhältnisse, wie sie in der 2. Hälfte des 19. Jahr-
hunderts besteht, bewirkt eine theilweise umgekehrte Rangordnung.

im Allgemeinen, die sie als Hauptstützen derselben ansah; die materielle Bewegung richtete ihre Anstrengungen auf Beseitigung der äußerlichen Schranken, die dem Handel und der Production noch überall hinderlich im Wege standen, die in Sonderheit den unteren Gesellschaftsklassen die Theilnahme am Genusse derselben zu erschweren schienen, und damit ordnete sie sich der idealen Bewegung unter.

Die Humanität, die Menschengesittung durch sich selbst, durch die Entwickelung der natürlichen Anlagen, durch die angeborne Liebe zu Seinesgleichen, durch Studium, durch Belehrung, durch Erfahrung — sie sollte an die Stelle einer äußerlichen, mehr oder weniger als wahr bewiesenen Historie nebst ihren einseitigen Geboten treten. Die Wissenschaft sollte Gemeingut werden, und mit ihren Entdeckungen, ihren Erfindungen, der Gesammtheit erhöhten Lebensgenuß und zugleich Achtung und Ehrfurcht vor der menschlichen Vernunft einflößen. Was bedurfte es noch jener Religion, die der Menge Götzenbilder vorhaltend, letztere nur zum eigenen und zum Nutzen der Tyrannen ausbeutete, was bedurfte es schließlich dieser Tyrannen, da das aufgeklärte Volk, belehrt durch seine Führer, und geleitet durch seine Vertreter, seine eigenen Angelegenheiten selbst ordnend, am besten wissen mußte, was ihm frommte; was bedurfte es schließlich noch der Ueberreste von Ständen, von Corporationen, von Privilegien aller Art, die dem Fortschritt hinderlich im Wege, als letzte Wahrzeichen eines finsteren Mittelalters in eine Zeit hineinreichten, die ihrer entbehren konnte?

Der Mensch werde gut und fehlerfrei geboren, nur Zwang und Bedrückung verderbe diese natürlichen Anlagen, welche die Freiheit allein zu entwickeln verstände; gleiche Rechte vor dem Gesetz und im Staatsleben müsse die Grundlage der Gesellschaft sein; diese Gleichheit schaffe die Brüderlichkeit, die Hoch und Niedrig fortan vereinen sollte. — So gährte es in den Reihen der Gebildeten, so philosophirten die Philosophen, so sangen die Dichter, so betete es die Masse den Gebildeten, den Philosophen, den Dichtern nach; denn, daß dann ihre Leiden ein Ende hätten, daß die bittere Sorge um das tägliche Brot vor dem Lichte der neuen Freiheit verschwinden müsse, wer sollte es läugnen? — Sagten es nicht die Gelehrten, und lieferte nicht drüben Amerika den besten Beweis, daß Freiheit und Gleichheit ein kräftiges Volk zu schaffen im Stande sei, dem Nahrung und Unterhalt nicht mangelte? —

Ein halbes Jahrhundert lang glimmte es unter der Asche, bis endlich in Frankreichs Hauptstadt die hellen Flammen empor=schlugen.

Es ist etwas Schönes um den Durchbruch einer Idee — selbst wenn Ströme von Blut dabei fließen; denn es ist der Glaube an die Idee, an ihre heilbringende Wirkung, es ist die persönliche Aufopferung für dieselbe, welche selbst Ausschreitungen aller Art, wenn auch nicht rechtfertigt, doch entschuldigt und er= klärt. Es ist ein Idealismus, der zwar nicht wie der christliche duldet und leidet für seinen Glauben, aber er trotzt doch den Gefahren, er verachtet den Tod, und wenn er auch unsägliches Unheil anzurichten im Stande ist, ihn zu verdammen hält schwer, — so lange eben der Glaube anhält. — *)

Die Revolution hatte also in Frankreich gesiegt, und trat ihren Triumphzug durch Europa an.

Hier unterwarf sie mit dem Schwert, dort durch die Macht ihrer Verheißungen; hier schneller, dort langsamer. Am lang= samsten siegte sie bei den germanischen Völkern, bei uns in Deutschland, vor Allem in Preußen. Es lag dies im germa= nischen Volkscharakter, der sich vor Extremen besser zu bewahren weiß als der romanische, der in England und Amerika die Revo=

---

*) Nicht nur die Aufopferung, die vor Pulver und Blei nicht zurückschrickt, sondern auch die, welche festeingewurzelte Sitten aufzuheben im Stande ist, die alte Gewohnheiten abwirft, und welche z. B. gegen Ende des 18. Jahrhunderts vor Ausbruch der Revolution an österreichisch=spanischen Höfen mit steifer Etikette die Vagabunden von der Straße lud, sie bei Hoffesten mittanzen ließ, um nach Rousseau'schen Ideen dem Menschen menschlich näher zu treten — die kann uns zwar jetzt als eine Art von Wahnwitz erscheinen, der epidemie= artig auftrat, beweist aber am Besten die Macht einer Idee, die sich als neue Wahrheit der Menschheit hinstellt. Als solche hatte sie fast alle Requisite einer neuen Religion, ihre eigene Dogmatik, ihre Mystik, ihren Wunderglauben u. s. w.

lution theilweise schon anticipirt hatte, es lag dies in der eigen=
thümlichen Entwickelung Deutschlands und Preußens im 18. Jahr=
hundert.

Die Erscheinungen des Mittelalters sowohl als die der ab=
soluten Periode waren in Deutschland selten in der Schärfe auf=
getreten, die sie in West= und Südeuropa anzunehmen pflegten.
Es waren daher auch die Uebergänge einer Periode zur anderen
weniger merkbar, und finden wir, durch die staatliche Zersplitte=
rung geschützt, in den meisten deutschen Kleinstaaten im 17. und
18. Jahrhundert patriarchalische Einrichtungen, die einen gegen=
seitigen Schutz zwischen Hoch und Niedrig bewahrten, aus dem
Mittelalter fortbestehen, theilweise bis in's 19. Jahrhundert, be=
onders in Preußen sich erhalten.

Auch das erste Auftreten der neuen revolutionären Humani=
tätsidee im 18. Jahrhundert war ein ganz eigenartiges. Hier
gebrauchte sie ihre Kräfte weniger zur Aggression, weniger zum
Kampf gegen die ihr entgegenstehenden Meinungen, als zur Ver=
herrlichung ihres Schützlings und Idols, des Menschen, in Prosa
und Poesie. Ihr verdanken wir zum großen Theil den Auf=
schwung unserer Literatur, die sich plötzlich ebenbürtig an die
Seite ihrer Mitschwestern in Europa stellte, sie meistens weit
überragend.

Die Einwirkungen dieser Literaturepoche auf die gebildeten
Schichten Deutschlands waren derart mächtig, daß das übergroße
Interesse für die Produkte dieser geistigen Strömung die Anwen=
dung der neuen Theorien auf das staatliche Leben meist noch in
den Hintergrund drängte.

Daß Deutschland nicht schneller und allgemeiner zur Praxis
überging, dafür sorgte auch die französische Revolution selbst, deren
Ausschreitungen zunächst eine bedeutende Ernüchterung diesseit des
Rheines hervorriefen. Dafür sorgte Napoleon I., ihr großer Re=
präsentant, der mit Blut und Eisen Deutschland den neuen Ideen
zuführen wollte, und mit eisernem Besen seine kleinen und großen
Monarchien hinwegfegte. — Die Erinnerung an die Vergangenheit,
sei sie noch so traurig, läßt sich Niemand gern rauben, und hatte
doch gerade Preußen, im Gegensatz zum übrigen Deutschland,
eben erst eine glänzende Geschichtsepoche durchlebt, die nach außen

und innen die kluge und kräftige Hand des selbstbewußten Herr-
schers hatte bewundern lassen, der seinem Vaterlande eine Stellung
gegeben, deren Verlust Hoch und Niedrig gleich schmerzhaft be-
rührte. — Der Boden aber, auf welchem die neuen Ideen ihre Wurzeln
schlagen und kräftig fortzuwuchern vermögen, war auch in Deutschland vom Korsenfürsten geebnet worden; 100 Grenzpfähle waren
umgestürzt, und nachdem der Schmerz, den das fremd aufgedrun-
gene Neue verursacht, überwunden, kommt folgerichtig die Kritik,
die dem Alten die Berechtigung abzusprechen sucht. — So auch
in Deutschland, so auch in Preußen, das auf allen Seiten eine
neue Zeit anbrechen, neue Ideen sich entwickeln sah.

Doch ehe ich mich Deutschland und seinem Macedonien,
Preußen, zuwende, muß ich, um die Wandlungen, die in Theorie
und Praxis auch hier allmählich festen Fuß faßten, zu erklären,
noch Versäumtes nachholen. Ich muß vor Allem den Stand
der Wissenschaften, welche die dem 19. Jahrhundert eigenthümliche Weltanschauung, die Fortschrittstheorie, begründete, darzuthun
versuchen; ich muß die Veränderungen in dem Rechtsbewußtsein
und dem Rechte besprechen, die durch die neue Zeit hervorgerufen
wurden; ich muß die Staatsform erwähnen, die sie als die ihrige
proklamirte.

————

Die Humanitätsidee ist nicht im 18. Jahrhundert geboren,
sie lebt vielmehr, seitdem menschliche Wesen die Erde bevölkern; —
segenspendend, so lange sie im Kampfe mit den absoluten Theorien, diesen ihre Schärfe und ihre Schroffheiten abzustumpfen
und zu mildern bemüht ist; zerstörend und tödtend, sobald sie
zum Siege gelangt, denn eine bildende Kraft wohnt ihr nicht inne
und kann ihr, ohne sie in ihrem Wesen zu zerstören, auch nicht
eingeimpft werden.

Doch das mächtige Wiederaufleben der Humanitätsidee im
18. Jahrhundert, nachdem sie seit Ende des Mittelalters nur in
der Opposition ihr Dasein bekundet, verdankte sie den Wissen-

schaften, vor Allem den Naturwissenschaften, die durch ihre praktischen Erfolge in den meisten Produktionszweigen gekräftigt, jede
Anlehnung an die absoluten Theorien entbehren zu können glaubten.

Wir müssen daher den Stand der Wissenschaft, wie er seit
Mitte des vorigen Jahrhunderts sich entwickelt, zuerst betrachten.

Zur Zeit der Reformationen in der europäischen Staatenfamilie begannen Studium und Gelehrsamkeit die Klöster, die
ihnen bisher fast allein eine Heimathsstätte gewährt, zu verlassen,
und in Stadt und Land sich zu verbreiten. — Das Alterthum
in seinen geistigen Heroen, mit seiner rein menschlich-naiven Anschauungsweise, mit der Schärfe und Ungeschminktheit seines Ur-
theils, mit der Schönheit seiner Formen, bildete das Object des
Studiums der Humanisten, deren Lehren gar bald in der gebildeten Welt die Richtschnur für Leben und Erziehung abgaben.

Hatten diese Lehren sich anfangs auf Nacheiferung der Tugenden
hervorragender Männer des Alterthums, auf Aneignung der Weisheit griechischer Philosophen, auf Neubildung des Kunstgeschmackes
an den hinterlassenen Meisterwerken bezogen, so fingen sie allmählich an, die gesellschaftlichen und staatlichen Zustände der Zeit
ihrer Kritik zu unterwerfen und ihnen die idealen Beispiele entgegen zu halten, die griechische und römische Klassiker ihnen boten.
Die Vorbedingungen, die das städtische Gemeinwesen in Griechen-
land und Rom überhaupt ermöglichte, die Sklaverei, das Vor-
handensein tributärer Völker, oder wenigstens durch Handelsbeziehungen tributpflichtig gemachter Länderstrecken wurde theils
übersehen, theils war das Klassenbewußtsein vom Mittelalter her
noch so mächtig, daß der Unterschied der verschiedenen staatlichen
und gesellschaftlichen Zustände damaliger und antiker Zeit weniger
in die Augen fiel.

Die klassische Schule des Humanismus, die durch Einseitig-
keit schließlich eine mächtige Reaction gegen sich heraufbeschwor,
mußte zwar schon um Mitte des 18. Jahrhunderts der natur-
philosophischen weichen, und hat seitdem eine Bedeutung für
die Allgemeinheit nicht mehr erlangen können; trotzdem waren
ihre Lehren derart in das Bewußtsein der gebildeten Welt übergegangen, daß dieselben bei der späteren Umformung der euro-

päischen Staatenfamilie mit als Grundlage für die constitutionellen Formen dienen mußten.

Die Philanthropie, die Naturphilosophie, hatte also den klassischen Humanismus verdrängt, und stützte sich dabei auf greifbare Erfolge. In fast jedem Zweige der Naturwissenschaft hatten entweder mehr oder weniger zufällige Entdeckungen, oder hatte die Speculation Resultate erzielt, welche direct zum Nutzen der Menschheit zu verwerthen waren. — Die Physik wandte Magnetismus und Electricität auf das tägliche Leben an, sie construirte in Vereinigung mit der Mechanik Maschinen, die durch bisher unbekannte Naturkräfte getrieben, die Arbeit von Tausenden verrichteten, sie verkürzte die räumliche Verbindung, erleichterte den Waarenaustausch und vervielfältigte hierdurch indirect die Production selbst. Die Chemie schied bisher als unlöslich betrachtete Verbindungen, jeden Theil für Handel und Industrie verwerthend, sie enthüllte die Bestandtheile der mannigfachsten Naturproducte, die dadurch als neue Werthobjecte eine ungeahnte Quelle des Reichthums für Völker und Länder wurden. — Gleichen Schritt mit diesen Erfolgen der rein=exacten Wissenschaften hielten Geologie und Astronomie, erstere vielfach in das praktische Leben eingreifend, letztere die mehr geahnten als bewiesenen Grundsätze eines Kepler, Galilei, Newton durch die Vervollkommnung der Optik jetzt auch dem leiblichen Auge klarlegend, beide gleichermaßen die bestehende Weltanschauung siegreich bekämpfend. — Gleichen Schritt hielten Botanik und Zoologie, die im Besitz der Hülfsmittel, die Physik und Chemie ihnen boten, feste Normen für die Lebensbedingungen der Pflanze und des Thieres aufsuchten, und hierdurch die medicinischen Wissenschaften sowohl, als die mannigfachsten Industriezweige bereicherten.

Alle diese unleugbaren Erfolge faßte die Naturphilosophie zusammen, indem sie als oberstes Dogma für die neue Weltanschauung die Fortschrittstheorie hinstellte.

Die Menschheit sollte durch sich selbst nicht nur befähigt sein, die sie umgebende Natur in immer höherem Grade sich zu unterwerfen, die geistigen Fähigkeiten, welche ihr die Materie auf rein materiellem Wege zuführte, sich selber zu erhöhen, und hierdurch allmählich einem sorgenfreieren, einem körperlich und geistig verschönerten Zustande entgegenzugehen, — nein, es sollte auch eine nothwendige Folge des Daseins der Menschheit sein, daß sie diesen Entwicklungsgang nehme, der jeden Widerstand, wie ihn die alte Weltanschauung enthielte, entweder durch Gewalt oder durch die Macht der Zeit, vermöge der ihm innewohnenden Wahrheit brechen müsse.

Hatten nicht die positiven Religionen ein Dogma nach dem andern der Wissenschaft Preis geben müssen, wenn sie sich nicht etwa mit geschlossenen Augen auf einen blinden Glauben stützen wollten, der eben mit Bildung und Wissenschaft überhaupt nichts gemein hatte? — War nicht das christliche Gebäude, das alle europäischen Staaten einst überdacht hatte, Balken für Balken gefallen, und hatte doch trotzdem — oder vielleicht gerade deswegen — je länger je mehr eine sich verallgemeinernde Milderung von Sitten, Gebräuchen und Rechten stattgefunden, welche die starken Mittel, zu denen die früheren Perioden ihre Zuflucht nehmen mußten, um das Gleichgewicht der socialen Gliederung zu erhalten, entbehren konnten? — War nicht die Laplace'sche Theorie der Entstehung und Entwickelung des Weltensystems ein halbes Jahrhundert nach ihrem Auftreten durch die Spectralanalyse wirklich bewiesen worden; hatten die geognostischen Forschungen nicht deutlich den Weg gezeigt, welchen unsere Erde eingeschlagen hatte, um allmählich von Revolution zu Revolution fortschreitend den Zustand zu ermöglichen, der jetzt der Menschheit Leben und Bewegung gestattete; hatten die Naturalisten nicht die Gesetze, eins nach dem andern aufgefunden, welche die unorganische Welt beherrschen, und die wieder die Basis jedes organischen Lebens auf der Erde abgeben? —

Was lag näher, als daß die Philosophie der Lupe und des Secirmessers auch wissenschaftlich den Sieg über alle Metaphysik erlangen müßte, daß sie nach all ihren Erfolgen auch den letzten, größten erringen könnte, das physische Leben auf einer neuen Grundlage, auf der Materie allein wieder aufzubauen, und hiermit der Menschheit, welche die Materie bereits im Großen und Kleinen unterjocht, die Freiheit zu geben, sich selber den ewigen Fortschritt zu dictiren! —

Und doch war dies eine Täuschung; eine Täuschung, der sich schon Demokrit hingegeben, die Epikur mit seiner Schule vertreten, die ein Hobbes, ein Helvetius verfochten, und die schließlich die deutschen Materialisten der letzten Jahrzehnte als eine neue Wahrheit hinstellen wollten.

Es war eine Täuschung, nicht nur, weil der Augenschein dagegen, nein, weil gerade die Wissenschaft der letzten 100 Jahre, die uns einerseits eine stetige Fortentwickelung*) vom Einfachen zum Zusammengesetzten auf unserm Erdplaneten zeigt, uns gleichermaßen mit den Gesetzen der Rückbildung bekannt macht; weil sie zeigt, wie auch die Welt, auf der wir leben, ihren Kreislauf einst schließen wird, nachdem sie schon lange vorher für menschliche Wesen unbewohnbar geworden, weil sie nirgends eine Brücke vom unorganischen zum organischen Gebilde gebaut, vielmehr den Gegensatz der organischen Zelle zum unorganischen Stoff deutlich gemacht hat; weil sie dargethan hat, daß die generatio spontanea auf einer Stufe mit dem Stein der Weisen und der Goldmacherkunst des 15. Jahrhunderts zu suchen ist.

So zeigt sich der reine Materialismus in seiner Consequenz als eine unwissenschaftliche Theorie.

Doch es kommt der halbe Materialismus, der, wenn er auch die ganze Theorie nicht retten kann, wenigstens einzelne Theile zu beweisen sucht.

Lamark, Darwin vor Allen, folgen dem Menschen rückwärts bis zur Urzelle, und lassen hier erst einen außenstehenden Willen seine Schöpferkraft erproben. Ein Gott, den verschiedenen Planeten in der silurischen Periode einen Besuch abstattend, um eine Urzelle zu schaffen! — Vom Erhabenen zum Lächerlichen ist wahrlich nur ein Schritt. — Doch was ist der Kernpunkt der gerühmten Darwin'schen Theorien, welche die wissenschaftliche Welt in Aufregung versetzen konnten? — Eine consequente Verfolgung der mit staunenswerthem Fleiße zusammengestellten Thatsachen, welche die Bildung von Spielarten darthun

---

*) Wodurch die Fortentwickelung bewirkt wird, hat die Naturwissenschaft bis heute noch nicht gezeigt, wir müssen daher die Beantwortung dieser Frage auf einem andern Gebiete suchen.

ober ermöglichen, und eine ebenso consequente Vernachlässigung aller der Thatsachen, welche das Bestreben jeder Art und Gattung bezeugen, rein und ihrem Gattungsideal möglichst nahekommend sich zu erhalten.*)

Der Darwinismus wird und ist jedoch von einer vorurtheils= freien Kritik bereits in seine berechtigten Grenzen zurückgewiesen. Die halben Materialisten können auf die Dauer einen größeren Einfluß auf philosophische Ansichten nicht behaupten, wohl aber die Viertel = Materialisten. Der Pantheismus, der Glaube, der die Materie zum Träger der göttlichen Idee macht, er hat einen mächtigen Bundesgenossen in dem dunklen Gefühl, das dem Menschen eigen, die ihn umgebende Natur zu beleben und ihren außerirdischen Ursprung sich zu veranschaulichen. Als solcher ist er nicht ohne innere Berechtigung und hat von jeher, vom Fetischdienste an bis zu den entwickeltsten Religionskulten der Jetztzeit, seinen Einfluß geltend gemacht. Seine philosophische Unklarheit aber, da er, seine Systeme auf zwei einander entgegengesetzte Basen stützend, im Vordersatze behaupten kann, was er im Nachsatze verneint, hat ihn zum Glauben der Dichter und Schwärmer gemacht, die mit ihrer Methaphysik, mit ihrer Poesie die neue Aera des Fortschritts auch theoretisch eröffneten.

Ist nun die Wissenschaft, sei sie Methaphysik, oder bewege sie sich auf den greifbaren exakten Gebieten, deswegen zu tadeln, daß sie ihre Forschungen überhaupt unternommen, daß sie zu Re= sultaten gelangt zu sein glaubte, welche einen dauernden Fortschritt wahrscheinlich machten?

Keineswegs, vielmehr müssen die praktischen Erfolge als un= läugbare Errungenschaften des menschlichen Geistes freudig begrüßt werden, vielmehr muß jedes ernste und wahrhafte Studium, gleich=

---

*) Unter der durchaus richtigen Voraussetzung, daß der Kampf um das Dasein immer und überall existirt, möchte ich den Darwinisten folgende Gleichung aufgeben: Gegeben ist der Affe und der Mensch, gegeben ist ferner die Zeit, welche der Mensch auf der Erde weilt. — Wenn wir die Resultate der neuesten Forschungen für den Mikrocephalen annehmen, genügen 100,000 Jahre, und wenn wir ihn auch bis in die Tertiärzeit zurückversetzen, einige Millionen. — Frage: In welcher Zeit muß die niedrigste Alge sich zur nächst höheren ent= wickeln? — Antwort: Unter der Lupe des Forschers.

gültig, welches Endergebniß daraus gefolgert werden kann, als
eine Bethätigung der Hingabe an die Idee, als ein wünschens=
werther und unentbehrlicher Zweig des Idealismus angesehen
werden. Nur dann ist er Unheil anzustiften im Stande, wenn
die natürliche Grundlage der socialen Gesellschaft erschüttert, wenn,
wie es eine Pseudo=Philanthropie zu Wege gebracht, das Klassen=
und Standesbewußtsein erloschen, und derartige Lehren, welche
für den Gebildeten ein Ansporn zu erhöhter Thätigkeit für die
Mitwelt sein können, in den Köpfen der Halbgebildeten, die nur
ihre negative Seite zu fassen vermögen, krassen Egoismus, ge=
wöhnliche Genußsucht erzeugen. Und dieser, wie ich ihn früher
nannte, flache Materialismus, ist nicht etwa blos bildlich als tödtend
für das Seelenleben zu bezeichnen, er tritt auch für Stämme und Völker
physisch vernichtend auf, wie ich an zwei Beispielen darthun werde.

Wenn ich zu Anfang meiner Studie behauptete, daß das
Römerreich am Materialismus zu Grunde gegangen sei, so ist dies
dahin zu verstehen, daß die Summe der in Jahrhunderten aufge=
sammelten Kultur, welche durch Bildung und Reichthum, durch
Staats= und Kriegskunst eine für unerschütterlich gehaltene Gewalt
über das sie umgebende Barbarenthum erlangt hatte, doch nicht
die durch den flachen Materialismus verdrängte Aufopferungs=
fähigkeit ersetzte, welche gegen den Ansturm wilder Horden erfor=
derlich gewesen wäre. So erhielt die Unkultur, im Bündniß mit dem
roh=instinktiven Idealismus, das Uebergewicht über eine verfeinerte
Kultur, in der Selbst= und Genußsucht die Herrschaft erlangt hatten.

Die Jetztzeit giebt uns ein noch lehrreicheres Zeugniß. Als
Nord=Amerika von seinem Mutterlande sich trennte, nahm es zu
den unermeßlichen Productionsgebieten, die nur der Ernte harrten,
die Resultate des Studiums Europa's zu sich hinüber, ohne jedoch
dem Studium selber die Ueberfahrt zu gestatten. Es gelangte
hierdurch binnen kürzester Frist zu einer materiellen Prosperität,
wie sie die Geschichte der letzten Jahrhunderte nicht zum zweiten
Male aufzuweisen hat, die aber auch bald selbst den instinctiven
Idealismus *) aus der englisch=amerikanischen Gesellschaft fast
verschwinden ließ.

---

*) Hier nicht näher auszuführen.

Die Statistik zeigt, daß die ursprüngliche Bevölkerung jener Vereinigten Staaten von Jahr zu Jahr in starker Abnahme begriffen ist, und nur die Immigration der naturwüchsigen irischen und deutschen Landleute nebst ihrer Nachkommenschaft das Wachsthum der Gesammtbevölkerung erzeugen, so daß es noch unentschieden bleibt, ob die directen Enkel Washington's oder die Rothhäute des Westens eher von der amerikanischen Erde verschwunden sein werden.

Gegen die Uebertreibungen der Fortschrittstheorie, gegen Verdrehungen, die den wahren Stand der Sache zu verhüllen und zu beschönigen suchen, tritt allmählich, zuerst kaum merkbar, eine Reaction zu Tage. Und so hat auch das neuere Studium der Geschichte schon die Annahme, welche die Production des 19. Jahrhunderts und daher dessen Menschenfülle (beides steht bei sonst normalen Verhältnissen in inniger Wechselbeziehung) als von keiner früheren Periode erreicht darstellte, auf ihr wahres Niveau zurückzuführen begonnen. Zwar ersetzen jetzt oft in einem einzigen Lande allein die durch fremde Motoren bewegten Maschinen eine Milliarde Menschenarbeitskraft; doch mit wieviel Milliarden Menschenarmen die Naturkräfte auf den jetzt kahlen Bergen Südeuropa's, in den jetzt ausgetrockneten Flüssen, mit wie vielen eine strebsame Bevölkerung durch die künstlichen Kanalsysteme des Alterthums eine reiche und an Werth der unseren nicht nachstehende Production erzeugte, das hat eine rastlose Forschung, ein gründliches Studium bereits zur Anschauung gebracht.

Aber auch auf anderem, auf philosophischem Gebiete ist eine Befreiung von den materialistischen Doctrinen aller Schattirungen bereits bemerkbar.

Nachdem an einander anknüpfend längere Zeit hindurch System an System sich reiht und jede falsche Anschauung, die sich eingeschlichen, im Laufe der Zeit eine immer größer werdende Unnatur erzeugt, wird es fast zu einer Nothwendigkeit — die Gott sei Dank bei einem denkenden Volke, wie dem deutschen, auch in der Möglichkeit liegt —, daß ernste und vorurtheilslose Denker sich finden, die ihre Anschauungen, anstatt aus den Schlußfolgerungen jener Doctrinen, direct aus der sie umgebenden Welt, aus ihrer eigenen Erfahrung, gestützt auf den Stand der empirischen

Wissenschaften, wie er ihnen zu Gebote steht, entlehnen, und so als Gründer einer neuen Metaphysik sich hinstellen. Ein solcher Mann war Schopenhauer, der durch seine Philosophie, ohne es selber zu ahnen, der herrschenden materialistischen Anschauung den Boden unter den Füßen fortzog. Auf diesem neugeschaffenen Grunde bauten und bauen noch Männer wie Frauenstädt, Hartmann und andere weiter fort, die, wenn sie ihre volle Würdigung auch erst einer späteren Zeit anheimstellen müssen, doch heute schon die Gewißheit haben können, daß sie eine Richtung unterstützen, welche über kurz oder lang den philosophischen Materialismus auch in Deutschland aus dem Felde schlagen wird.

Von der Erkenntniß ausgehend, daß das organische Leben sowohl, als die unorganische urjächliche Verwandlung ein Ausdruck des Willens sei, mußte diese Philosophie nothgedrungen zur Wiederherstellung des Zweckbegriffes kommen, der seit Leibniß aus der Wissenschaft verschwunden zu sein schien.

Dieser Zweckbegriff in seinen Consequenzen ist aber gleichbedeutend mit einer theistischen Weltanschauung, die zwar nie eine für die Masse greifbare Gestalt annehmen kann, welche aber die positiven Religionen sowohl erklärt, als deren Nothwendigkeit beweist. Nicht ein sich aus innerer Nothwendigkeit immer weiter verbreitender und immer höhere Ziele erreichender Fortschritt erscheint demnach als der naturgemäße Entwickelungsgang, den die Menschheit nehmen muß, sondern ein steter Kampf um die erreichte Civilisation, damit kein Rückgang erfolgt. Politisch richtig ist daher nur eine Weltanschauung, die aus derselben Vorbedingung denselben logischen Schluß zieht, heute wie vor 3000 Jahren.

————

Ich gehe jetzt zu den Veränderungen im Rechte und im Rechtsbewußtsein über, wie sie seit Mitte des 18. Jahrhunderts sich gestalteten. Denn daß das Recht, der Inbegriff der durch die Sitte festgestellten Normen bezüglich der äußeren Handlungen der Menschen, Aenderungen sich gefallen lassen müßte, lag in dem Neuauftreten des Humanitätsprincipes und dem dadurch bewirkten Wechsel der Rechtsidee.

Die Geistesarbeit der Römer, ihre durch hohe Civilisation der eng bei einander wohnenden Völkerschaften vervielfältigten Erfahrungen, hatte der Klerus verstanden über die anarchischen Perioden der Völkerwanderung hinüberzuretten. Das Recht des Mittelalters entwickelte sich daher, bei der durch die Vermischung der verschiedenartigen Stämme thatsächlich eingetretenen Mischung und Unklarheit der Sitten und Gebräuche, weniger aus den verschiedenen Völkern innewohnenden Rechtsanschauung, als viel= mehr umgekehrt bequemten sich Rechtsanschauung und Sitten dies= mal dem überkommenen römischen Rechte an. Das Vorherrschen des christlichen Princips, sowie später das des monarchischen, hatten einen geringeren Einfluß auf die allmählich festgewurzelten Anschauungen als die humanistische Richtung, die im 18. Jahr= hundert den Sieg davon trug. Der Mensch mit seinem subjec= tiven Rechte, der Freiheit seiner Handlungen, trat in den Vorder= grund; das objective Recht wurde dem untergeordnet.

Ein Aufgeben der großen römischen Rechtsgrundsätze und eine Vervielfältigung der einzelnen Bestimmungen, die weniger auf das Princip, als auf die Anwendung für den besonderen Fall hinzielten, um die Freiheit der Bewegung des Einzelnen möglichst genau und klar festzustellen, war die Hauptwirkung des Huma= nismus auf das Recht.

Die Rücksicht auf die Billigkeit, die dem Rechtsprechenden das Princip im einzelnen Falle gewährte, wurde demnach durch das Buchstabengesetz ersetzt, vorzüglich im Civilrecht. Und dies muß aus dem Grunde als eine unglückliche Aenderung in der Rechts= auffassung betrachtet werden, als das ausgeführteste Buchstaben= gesetz stets Lücken aufweisen muß, welche dem Unehrenhaften ge= statten, diese Lücken zu benutzen, um sich unredlichen Vortheil zu verschaffen. Hiernach bildet der nach dem Buchstabengesetz Recht= sprechende den sicheren Rückhalt für den Betrüger, untergräbt den Glauben an eine sittliche Ordnung und fördert indirect alle die der Gesellschaft nachtheiligen Handlungen, deren Bekämpfung ihm obliegt. Ein Gegengewicht gegen dieses Buchstabengesetz, die Ein= richtung von Laien= (Schwur=) Gerichten werde ich später be= sprechen.

Eine ähnliche war die Wirkung auf das Strafrecht, das als greif=
barstes Object zur Geltendmachung des Humanitätsprincipes den
Verbrecher hinstellte, und für den Nicht=Verbrecher, dessen Schutz
ihm anvertraut, kaum einen Rest von Humanität übrig behielt.
Um so wohlthuender muß die Wirkung jener Richtung auf
das Staatsrecht im weiteren Sinne und auf das Völkerrecht be=
rühren, da hier die Nachtheile, welche im Civil= und Strafrecht
zu Tage traten, nicht Platz greifen konnten.

Zu erwähnen bleibt schließlich noch, daß bei den romanischen
Völkern das lebendige Recht, die Autorität, nie derartig außer
Geltung trat wie bei den Germanen.

So gab der veränderte Gang, den die Wissenschaften nahmen,
der Weltanschauung eine neue Richtung, so wirkte das Humanitäts=
prinzip auf das Recht — betrachten wir uns jetzt die äußere Form,
die Constitution, durch welche das absolute Staatsprincip, das
fast drei Jahrhunderte hindurch den Continent beherrscht hatte,
ersetzt werden sollte. — Daß die absolute Regierungsform über=
haupt eines Ersatzes bedurfte, dafür den Beweis zu liefern, fiel
der Revolution nicht schwer, denn daß diejenigen Gesellschafts=
klassen, die an Bildung und materiellen Gütern bereits ein Ueber=
gewicht erlangt hatten, auch einen berechtigten Einfluß auf die
Staatsleitung auszuüben hätten, war eine erklärliche Forderung
des menschlichen Naturrechts, wie es das 18. Jahrhundert lehrte.

Es liegt in der menschlichen Natur begründet (so würde ein
Freund modernen Staatslebens deduciren), daß die Hoffnung,
durch wagende Thätigkeit, durch Benutzung neuer Formen sein
Leben zu verbessern und zu verschönern, mit dem Widerstande zu
kämpfen hat, den die Erkenntniß des Guten, was man genossen,
die Furcht, das Errungene auf's Spiel zu setzen, in jedem Menschen
erzeugt.

Die Jugend hängt der Hoffnung, das Alter der Sorge an.
Der Charakter des Einzelnen neigt bald dieser bald jener Richtung
zu, und spaltet so das Gesammtvolk in zwei Parteiungen, Pro=
gressisten und Conservative, die beide, an sich berechtigt, durch ihre
Vertreter für eine nach jeder Richtung hin erschöpfende Behand=

lung und gerechte Lösung der an sie herantretenden Fragen Sicher=
heit gewähren.

Doch das Leben ist Bewegung — und eine Richtung, welche
die Mehrheit des Volkes hinter sich hat, muß die Zügel der Re=
gierung ergreifen, sie muß ihre Ansicht zur Geltung bringen —
schießt sie aber über ihr Ziel hinaus, und gefährdet dadurch
das Wohl des Ganzen, so stärkt sie eben damit ihre Gegenpartei,
die dann durch ihr numerisches und moralisches Uebergewicht in
die Lage kommt, ihrerseits zur Macht zu gelangen, und die Fehler
ihrer Vorgängerin zu verbessern.

Schroffheiten werde die Spitze der Constitution — der Mo=
narch, der Präsident, denen darum ein gewisser Einfluß zu be=
lassen sei — verhindern. — Dies die ideale Begründung der
constitutionellen Regierungsform.

Ihr Wesen beruht in dem Bestreben des einzelnen Staats=
bürgers, das Wohl des Ganzen zu sichern.

Alle diejenigen Bestrebungen aber der Humanitätsidee, welche
den Absolutismus, die Ueberreste der feudalen Zeit, dem Wesen
und der äußeren Form nach zerstören wollen, und die an dessen
Statt dem Volke in seiner Gesammtheit die Leitung seiner eigenen
Angelegenheiten wenigstens äußerlich zu übergeben wünschen, indem
sie der constitutionellen Form, dem Parlamentarismus in seinen
verschiedenen Phasen zum Siege verhelfen — nennen wir politischen
Liberalismus.

Drittes Kapitel.

Das Staatswohl, die Harmonie der einem Volke innewoh=
nenden Kräfte, die gleichmäßige Berückſichtigung der verſchiedenen
Berufsklaſſen, die materielle, intellektuelle und ſittliche Vervoll=
kommnung — kann durch die Form der Regierung eines Reiches
gewiß nicht garantirt werden.

Denn es giebt ebenſowenig vollkommen gute Regierungs=
formen, wie es vollkommen ſchlechte giebt. Die Hauptſache bleibt
immer das Material, das die Form ausfüllen ſoll, die natürliche
Anlage, die Sitte, welche Jahrhunderte in einem Volke erzeugt
haben — es giebt aber Formen, die dem Körper ſo wenig an=
paſſen, daß ſie demſelben Quetſchungen und Wunden aller Art
beibringen, welche, anſtatt zu heilen, allmählig offene Schäden
werden, die zuletzt auch die geſunden Säfte zu inficiren und zu
zerſtören vermögen.

Der Faktor, den das conſtitutionelle Syſtem zu ſeiner gleich=
mäßig vortheilhaften Anwendung auf die europäiſchen und außer=
europäiſchen Länder nicht in Rechnung gezogen hatte, iſt das In=
tereſſe.

So wenig wie es der Humanität gelungen war, eine Gleichheit
der Lebensbedingungen zu ſchaffen, ſo wenig als das gleiche Recht
auch eine gleiche Wirkung auf die durch die Rechtsanwendung
Betroffenen zu erzielen im Stande iſt, ſo wenig konnte die Con=
ſtitution dort, wo ſie keine geſunde Baſis fand, Wurzeln ſchlagen
und ſich gedeihlich entwickeln, weil ſie die in einem continentalen

Staate einander gegenüberstehenden Interessen nicht auszusöhnen vermochte, vielmehr zum Nutzen einer Gesellschaftsklasse die übrigen benachtheiligte.

Das durch die verschiedene Arbeit erzeugte Sonderinteresse, das nicht mehr das Wohl des Ganzen im Auge behält, ist somit als Zerstörer der constitutionellen Formen anzusehen, und diese Sonderinteressen sind durch die Wirthschaftslehre, welche die Neu= zeit adoptirt hat, einseitiger und schroffer geworden. —

Es ist zwar ein schönes Bild, das uns Alt=England mit seinen Einrichtungen, seinem Fleiße, seinem Wohlstande und der Wohl= anständigkeit seiner Einwohnerschaft vor unsern Blicken entrollt, doch die Mäßigung, das Gerechtigkeitsgefühl, das die verschiedenen Gesellschaftsklassen dieses Landes versöhnt — sie sind es nicht allein, welche die feste Basis der zwei großen Parteien bilden, die seiner Verfassung Bestand geben. Nicht die glücklichen Anlagen seines Volkes, nicht die Erfahrungen eines langen selbstthätigen Staatslebens sind es, die für sich allein den Mißbrauch, die Ueber= hebung der am Ruder befindlichen Partei verbieten. — Es ist das Interesse, das allen Volksklassen gemeinsam gleiche Interesse, das so ausschließlich die ihm entgegenstehenden Sonderinteressen absorbirt, daß es als breite und sichere Grundlage eine Konsti= tution gedeihlich wirken und eine lokale Civilisation zur Blüthe gelangen lassen kann, wie die Welt sie selten hat bewundern können. Diese breite Grundlage bildet das kaufmännische, das Handelsinteresse.

Von diesem Gesichtspunkt aus betrachtet ist Königin Elisabeth, die den Kaufmannsstand zum herrschenden machte, als die Mutter der modernen englischen Constitution anzusehen, welche im eigenen Hause als Göttin der Gerechtigkeit und des Friedens thront, nach außen aber das Gesicht der Minerva trägt. Denn hier gilt es die Macht Englands, die Herrschaft über weite Produktionsgebiete aufrecht zu erhalten. Hier hat es nie gezögert, wenn sein Haupt — sein Handelsinteresse bedroht wird, constitutionelle Doktrin, Humanitäts= und Rechtsprincipien über Bord zu werfen.*) —

***

*) Siehe Opiumkriege und die ganze Colonialpolitik. Aus diesen und ähnlichen Gründen das englische Volk als ein Volk von Heuchlern hinzustellen,

Erst wenn seine Macht in Asien, wenn sein Handel zerstört sein sollte, wenn es auf sich selbst angewiesen, sein Staatsleben fortsetzen müßte, dann würden die englischen Institutionen ihre Probe zu bestehen haben, ob sie im Stande wären, auf friedlichem Wege die sociale Mißbildung auszugleichen, die nirgends schroffer zu Tage treten würde, als grade dort, nachdem die Quellen ver= siegt wären, die seinem Gesammtvolke bisher gleichmäßige Nahrung gewährten. Und es sind nicht schwachfließende Quellen.

Nach dem Statistical abstract for the United Kingdom 1861—1875 betrug

	die Gesammteinfuhr in England	die Gesammtausfuhr aus England
Durchschn. 1861—65=	247,629000 £.	190,831000 £.
ￗ 1866—70=	292,777000 ￗ	234,717000 ￗ
1871=	331,015000 ￗ	283,575000 ￗ
1872=	354,694000 ￗ	314,589000 ￗ
1873=	371,287000 ￗ	310,995000 ￗ
1874=	370,083000 ￗ	297,650000 ￗ
1875=	373,940000 ￗ	281,612000 ￗ

Werfen wir nun einen Blick auf Ostindien, so sehen wir, daß die Gesammt=Einfuhr betrug:

die Gesammt=Einfuhr betrug:	und die Gesammtausfuhr:
1870=53,514000 £.	46,882000 £.
1871=57,553000 ￗ	38,859000 ￗ
1872=64,662000 ￗ	42,658000 ￗ
1873=56,875000 ￗ	35,818000 ￗ
1874=56,525000 ￗ	38,386000 ￗ

Von dieser Einfuhr kam aus England:	von der Ausfuhr ging nach England:
1872=33,682000 £.	18,471000 £.
1873=29,891000 ￗ	21,354000 ￗ
1874=31,198000 ￗ	24,081000 ￗ
1875=30,137000 ￗ	24,246000 ￗ

---

wäre trotzdem unrichtig, denn die Masse ahnt kaum diese Abhängigkeit eigener Wohlfahrt von fremder Bedrückung, und nur instinktartig wird das Inselreich von dem Gefühl durchzittert, daß seine Existenz auf dem Spiele steht, so oft im fernen Osten eine Machtfrage der Entscheidung harrt.

Wir sehen aus diesen Zahlen, daß England's Einfuhr die Ausfuhr durchschnittlich um 60 Millionen £ überschreitet, daß daher eine jährliche Vermehrung des Reichthums durch Handels- und Industriegewinnst um $1\frac{1}{4}$ Milliarde Mark zu praesumiren, und daß ein Theil dieser Vermehrung auf Rechnung der Colonien (Ostindien steuert pro Jahr gegen 6 Millionen £) zu setzen ist.

Daß eine wirkliche Aussaugung derartiger Colonien*), sowie aller derjenigen Länder, die unter ungünstigen Bedingungen mit dem Handelsstaate in Verkehr stehen, stattfindet, daß überhaupt bei einem Handelsstaate, dessen Beziehungen seit Jahrzehnten und Jahrhunderten consolidirt sind, die größere Einfuhr ein Anwachsen des Reichthums, eine Deplacirung der Werthobjekte nach dem Handelsstaate hin bedeutet, in dessen Eigenthum sie übergehen — dies beweist, außer dem Augenschein, die Stetigkeit derartiger Handelsbilancen', die einen Rückfluß an Werthen, die sich dem Auge entzögen (Geld, Credit), ausschließen.

Ein Volk, welches bisher abgeschlossen gelebt, wird sich vielleicht, wenn es in neue Handelsbeziehungen tritt, auch bei größerer Ausfuhr als Einfuhr momentan für reich halten, weil es Geld bei sich aufhäuft, ohne Waare dafür zu beziehen. Doch gar bald wird das Geld billig, die Waare theuer werden, und der Rückfluß des Geldes, d. h. der stärkere Bezug an fremder Waare, stattfinden.

Andererseits wird natürlich auch ein momentanes Nachlassen der Production resp. der Ausfuhr, durch Kriege, Krisen, oder plötzliche Verarmung der Nachbarländer erzeugt, ungünstig auf das Handelsland selbst wirken können. — Hieraus, und aus einer bei uns noch in den Kinderschuhen liegenden Statistik, ist es wohl zu erklären, daß eine Anzahl Gelehrter, die in der deutschen Wirthschaftspolitik noch heute ihren Anschauungen Geltung zu verschaffen wissen, den in seiner Allgemeinheit völlig widersinnigen Satz aufstellen konnten, daß eine Handelsbilanz günstig sei, wenn der Werth der Ausfuhr den der Einfuhr überschritte. — Wenn ein Schneider einen Rock gegen ein Paar Stiefel vom Schuster vertauscht, und ein sachverständiger Dritter schätzt die

---

*) Bei Holland und Java sehen wir genau dieselben Resultate.

Stiefel auf einen Tauschwerth von 1½ Centner Korn, den Rock aber nur auf einen Centner, so ist der Schneider, der die Stiefel erhalten, reicher, nicht ärmer geworden.

Der Schneider ist der kluge Handelsstaat, der Schuster der Dumme, und den sachverständigen Dritten giebt der Dollar, Schilling, Frank und Mark ab. —

Warum schließt sich nun ein Volk, das durch Handelsbezie= hungen sichtbar zum Nutzen eines andern arbeitet, nicht hermetisch gegen dasselbe ab; warum sucht es nicht sich selber zu genügen, und den Genuß seiner Mühen, seiner Arbeit, einem Fremden zu verwehren? — Bei Besprechung der deutschen Verhältnisse werde ich dies Räthsel zu lösen versuchen; hier will ich nur nochmals darauf aufmerksam machen, daß die Handelsfrage zum nicht ge= ringen Theile eine Machtfrage ist, und daß hinter Handelsflotten Kriegsflotten stehen müssen. —

Wir haben jetzt gesehen, daß ein Land wie England bei Be= folgung der constitutionellen Regeln zur Prosperität gelangen konnte, weil ein gleiches Interesse *) sein Volk verband; die histo= rische Entwickelung, welche die Constitution überall dort nehmen mußte, wo sie den geeigneten Boden nicht fand, zerfällt in drei Abschnitte, die meist mit nur kurzen Uebergängen einander folgen. Die Zeit des Durchbruchs der Idee, des Kampfes gegen die ab= solute Staatsform mit ihren feudalen Anhängseln als erster. — Das verschiedene Interesse tritt in den Hintergrund, der Glaube an die segensreiche Wirkung der neuen Formen ist ein allgemeiner, und aus allen socialen Schichten rekrutirt sich das Contingent derer, welche mit Wort und Schrift, nöthigenfalls mit blanker Waffe, den Absolutismus bekämpfen, der schwach und schwächer von der hergebrachten Sitte, von den bedrohten Privilegien, von der persönlichen Anhänglichkeit an den Herrscher oder das Herrscher= haus beschützt wird.

---

*) Irland, wo dieselben Faktoren nicht vorhanden, in Sonderheit der kalt rechnende kaufmännische Geist fehlt, verharrt noch heute in einem Zustande, der jenen römischen Provinzen, die durch Sklavenarbeit ausgenutzt wurden, in vielen Punkten ähnelt.

Die liberale Idee siegt, und wir treten in den zweiten Abschnitt, in den der Herrschaft der neuen Formen. — Welches sind aber ihre Wirkungen?

Es sind die nothwendigen Folgen, welche die Grundlage, auf der die constitutionellen Formen beruhen, allmählich hervorrufen mußte. — Ich habe bereits früher den klassischen Humanismus als den eigentlichen Begründer der jetzigen Constitution bezeichnet; die Richtung, nach der hin sich die ersten Wirkungen offenbarten, mußte demnach eine ähnliche sein, wie sie die Staatseinrichtungen der klassischen Periode des Alterthums bedingten. „Staat" war aber zu jener Zeit fast gleichbedeutend mit „Stadt"; eine Bevorzugung des städtischen Elements, eine Vertretung städtischer Interessen, die allmählich immer weiter greifende Centralisation, das Vorwiegen des kaufmännischen Elements, ist daher die natürliche und nächste Folge der Constitution. — Vergebens sind die Bestrebungen der Decentralisation; es bleiben nur decentralisirende Formen, denn das Interesse, in centralistischer Weise geleitet, weiß alle Hindernisse zu beseitigen. Es liegt eine gewisse Gerechtigkeit darin, daß die Klasse, von der eine Bewegung ausgeht, daß die Kinder derjenigen, die für eine Idee gelitten und gestritten haben, auch die ersten Früchte nach errungenem Siege kosten können; zumal bei einer Klasse, die vermöge ihrer geistigen Regsamkeit in den verschiedensten Gebieten auch damit für die Gesammtheit nicht leicht wieder zerstörbare Vortheile errungen hat. Erst dann, wenn diese Früchte mit dem Bewußtsein genossen werden, daß dieser Genuß Anderen das nothwendige Brot entzieht, ist er verwerflich. — Doch die Vortheile, die für die Gesammtheit errungen waren, und welche die neue Wirthschaftslehre vervielfältigte, spielte dieselbe zu gleicher Zeit wieder in die Hände einer Minderheit, die nur einen Bruchtheil des früheren städtischen Elements umfaßte. Der Bürgerstand ging zu Grunde, ein neu gearteter Kaufmannsstand — die Bourgeoisie trat an seine Stelle. *)

---

*) Das Wort ist deutsch nicht wiederzugeben, ich bezeichne damit ohne jede gehässige Nebenbedeutung den neugebildeten Kaufmannsstand, der sich an Börse, Presse und andere mehr oder minder neue Institutionen anschließt.

Die liberale Partei, die sich mehr und mehr mit dieser Bourgeoisie identificirt, muß demnach in diesem zweiten Stadium sowohl die Doctrinäre, welche noch fest an der reinen Humanitätslehre halten, als auch die allzusehr geschädigten Interessen ihre Reihen verlassen sehen, und die Constitution tritt in den **dritten Abschnitt.**

Die liberale Partei, die jetzt zu einer eng begrenzten Gesellschaftsklasse zusammengeschrumpft ist, kämpft um die Herrschaft und für ihre Privilegien, wirft die Prinzipien hinter sich, und behält von ihnen nur noch die Phraseologie. Auch die constitutionellen Formen sind ihr jetzt nur Beiwerk. Ihr gegenüber treten die geschädigten Interessen unter der Fahne der Humanität und Gleichberechtigung, unter dem Panier der gekränkten Religion, unter dem Aushängeschild des Absolutismus *), zerstören die Constitution — und im rollenden Wechsel beginnt derselbe Entwicklungsgang von Neuem.

Je positiver der Volkscharakter, je weniger abstracte Ideenverbindungen auf die Länge die thatsächlichen Wirkungen zu übertünchen vermögen, desto schneller ist diese Entwickelung.

Die Mängel, welche im Wesen des Constitutionalismus begründet sind, durch eine organische Neuschöpfung zu beseitigen, ist noch kaum in der europäischen Staatenfamilie mit Bewußtsein versucht worden. Doch trotzdem mehren sich hierfür schon die Zeichen auf allen Seiten, und vielleicht ist es nicht allzufern, daß der verhängnißvolle Zirkel, der mit seinen Krisen die Gesittung Europas zu erschüttern droht, einer Entwickelung auf festerer Basis Platz machen muß.

---

*) In wie weit Humanität, Religion, Absolutismus nur die Fahne abgeben, unter der das Interesse marschirt, und in wie weit sie die wirklichen Motive bezeichnen, kann nur der specielle Fall ergeben. In Spanien waren z. B. beim Karlistenkriege die Motive, wie meistens, gemischt. Einerseits war es ein Krieg des Dorfes gegen die Stadt, des Bauern gegen den Kaufmann, andererseits der positiven Religion gegen die materialistische Philosophie. Wer da glaubt, daß der Bildungsunterschied des nordspanischen Bauern gegenüber dem Städtebewohner den Hauptgrund zu diesem Bürgerkriege abgäbe, dem empfehle ich einen Ausflug in biskaische Dörfer und Städte, den Schreiber dieses nicht unternommen.

Viertes Kapitel.

———

Welches sind nun aber die Vorgänge, die den Massen die Anhänglichkeit an die liberale Theorie verleiden, die sie in zwei anscheinend entgegengesetzte Lager treiben?

Ich will in Kurzem versuchen, diese Vorgänge und die Wirkungen derselben zu schildern.

Die politische Freiheit, welche die Humanitätsidee als Danaergeschenk den Völkern überbrachte, bedingte vor Allem die wirthschaftliche Freiheit, basirt auf der neuen Wirthschaftslehre. Jede Schranke, so lautet diese Wirthschaftslehre, sei sie ein Grenzbaum, sei sie eine Steuer, ein Privileg, sei sie irgendwelche Behinderung der Ausnutzung menschlicher oder von Natur dem Menschen unterworfener Kräfte — hindere die Produktion und verkürze dadurch der Menschheit die Früchte ihrer Arbeit. Die höchste Aufgabe des menschlichen Geistes sei es daher, die Mittel und Wege ausfindig zu machen, das Produkt mit möglichst geringem Kräfteaufwand, d. h. so billig wie statthaft, und daher der Gesammtheit um so leichter zugänglich herzustellen. Die Benutzung von Maschinen, sowie die größtmöglichste Arbeitstheilung gebe das Hauptmittel hierzu ab.

Staatlich sei daher nur die Frage zu beantworten, ob eine Arbeit produktiv sei oder nicht; jede Einmischung jedoch in die inneren Wirthschaftsfragen sei zu verwerfen. Angebot und Nachfrage bestimmen den Preis, und sei durch Ueberproduktion der Werth derart herabgemindert, daß die Produktion nicht mehr

3

lohne, so müsse durch sich selbst die Regelung geschehen, da nur freie Concurrenz der Arbeitskräfte und der Produkte stets zur größten Produktion anrege.

Keiner dieser Sätze wäre zu bestreiten, wenn eine Wirth=schaftslehre, die den Menschen nur als Produktionsfactor in Rech=nung zieht, und ihn daher schließlich zu einem Handelsprodukte, wie jede andere Waare, machen muß, auf die Dauer Bestand haben könnte.

Denn ihr Ziel untergräbt jene Lehre sich selber, indem sie eine Arbeiterbevölkerung benöthigt, die von allen Fesseln befreit, aber auch jedes Schutzes, den ihr die Verbindung mit den be=sitzenden Klassen früher gewährte, beraubt ist. Sie schafft ein Proletariat, dem eine stets geringer werdende Anzahl Besitzender gegenübersteht, und dem jedes moralische Gegengewicht, das vor gewaltsamer Vertretung der eigenen Interessen abhalten könnte, ermangelt.

Dieses moralische Gegengewicht will ihm die moderne Zeit=richtung durch Bildung und Aufklärung, durch die Volksschule gewähren — ein Ersatz, der unvollständig und illusorisch ist, ab=gesehen davon, daß sich diese Richtung dabei nothgedrungen in Widerspruch mit ihren eigenen Grundprincipien setzen muß.*)

Der Einwand aber, daß ein Proletariat schließlich dieselben Interessen habe wie die besitzenden Klassen, kann nur von einer Theorie, die sich vom thatsächlichen Boden entfernt hat, behauptet werden.

Ueberproduktion und Unterproduktion müssen bei der wirth=schaftlichen Gestaltung der Neuzeit in steter Folge einander ab=lösen,**) auf die Periode des Mangels folgt die der Fülle, nach logischem Gesetz.

Die Periode der Fülle muß daher von einer fleißigen und aufgeklärten Arbeiterbevölkerung zu den Ersparnissen verwandt werden, die ihr über die Periode des Mangels hinweghilft — sagt jene Theorie (Schulze=Delitzsch).

---

*) Volksschule und obligatorischen Unterricht werde ich bei dem Entwicke=lungsgange, den Preußen nahm, noch näher besprechen.

**) Je concentrirter das Kapital, in desto schnellerer Folge und um so inten=siver treten derartige wirthschaftliche Krisen ein.

In Wirklichkeit aber bedeutet jene Periode der Fülle für ein von aller socialen Verbindung abgelöstes Proletariat — wenn es noch einigen sittlichen Kern in sich hat — die Periode der Familienbildung und nicht die des Ersparnisses; wenn ihr jener sittliche Kern abgeht, die Periode der Völlerei. Die Periode des Mangels ist in beiden Fällen die des Elends.

Rettung aus dieser Alternative gab der Zwang, der von der organischen Gliederung, dem ständischen Princip, am besten geübt werden konnte.

Leider ist es heutzutage ebensowenig möglich, einen derartigen feudalen Zustand, der den Mittelstand und die Arbeiterklasse vor Verarmung schützen könnte, wieder einzuführen, wie es gelingen kann, eine Republik nach Plato oder ein salomonisches Königthum zu schaffen.

Die Humanitätsidee des 18. Jahrhunderts hatte also im Gegensatz zur Gleichheit der Menschen vor Gott, die Gleichheit derselben untereinander proklamirt. Sie zerstörte die Gebundenheit der wirthschaftlichen Kräfte, und setzte an ihrer Statt die wirthschaftliche Freiheit, den Wettkampf der Interessen. Die durch keine Schranke mehr gehinderte wirthschaftliche Gleichstellung erzeugte, oder war vielmehr schon die neue Wirthschaftslehre, welche durch Theilung der Arbeitskraft die Massenproduktion in die Hand nahm.

Zur wirthschaftlichen Gleichheit, wenn sie Bestand haben soll, gehört aber auch Gleichheit der Vorbedingungen.

Die Hauptvorbedingung ist nun die, daß das gleiche Quantum Arbeitskraft aller Orten gleich viel producirt, d. h. gleich viel werth ist; daß das gleiche Quantum aufgesparte Arbeit, d. h. Kapital, Geld, aller Orten ein Gleiches Quantum Macht, das sind Zinsen, hervorbringt.

Das ist aber nirgends und in keinem Zweige der Industrie, im weiteren Sinne, der Fall. Es tritt daher ein örtlicher Vorzug dieser vor jener Gegend ein; das heißt, hier ist die Arbeitskraft, das Kapital, mehr werth wie dort. Dieses lokale Uebergewicht zerstört die wirthschaftliche Gleichstellung, welche die Humanitätsidee durch das Niederreißen aller Schranken zu schaffen wähnte — es bildet sich die wirthschaftliche Ungleichheit, und mit ihr entstehen neue Schranken, die den alten ähneln, nur daß ihnen der moralische Hintergrund fehlt.

Veranschaulichen wir uns diesen Vorgang durch ein Gleichniß: Eine unebene Fläche, auf der eine Schicht feuchte Erde aus= gebreitet ist, giebt für die Pflanzenwelt einen günstigen Boden ab. Trennen wir die |Feuchtigkeit von der Erde, so erhalten wir Wasser und Staub. Schütten wir nun beides einzeln wieder über jene Fläche, so läuft Wasser und Staub in die Tiefen, erzeugt dort eine vielleicht größere aber ungesunde Vegetation, während die Höhen steril werden.

Aehnlich ist es mit der neuen Wirthschaftslehre. Kapital und Arbeitskraft, welche durch den feudalen Zwang in gebundenem Zustande aller Orten sich befanden, wurden frei und suchten nun die Centren auf, die ihnen am günstigsten lagen. — Was giebt nun den örtlichen Vorzug, welches sind die Centren, die für Ar= beitskraft und Kapital ihre übergroße Anziehungskraft ausüben? Die Sicherheit der Verwerthung der Arbeitskraft einerseits, die Sicherheit der Ausnutzung dieser Arbeitskraft, d. h. der Zins= anlage des Kapitals, der Ausübung der neugeschaffenen Haupt= macht, des Geldes, andererseits, erzeugt dies lokale Uebergewicht.

Diese Sicherheit hatte die Humanitätsidee aus dem feudalen Zustand, dem der persönlichen gegenseitigen Verpflichtung,*) in neue Bahnen gelenkt.

Diese Sicherheit suchte sich naturgemäßer Weise die Orte als Wohnsitz, die ihrer Existenz die meisten Chancen boten. Angebot und Nachfrage bestimmen beim heutigen wirthschaft= lichen Zustande den Preis; wo die Nachfrage am größten, ist mithin das Angebot plötzlichen Schwankungen am wenigsten ausgesetzt. Je enger die Consumenten örtlich zusammenwohnen, in desto günstigerer Lage lebt die Arbeitskraft, lebt das Kapital.

Großstädte gewähren demnach dieser Sicherheit die Hei= math, welche ihr vordem das feudale Land gleichmäßig aller Orten gewährte.

---

*) Die zünftige Wirthschaftslehre versicherte jeden Handgriff und jede Arbeit auf den Genuß derselben. Die Prämie wurde durch Beschränkung der indivi= duellen Freiheit bezahlt.

Die neue Zeit, darauf angewiesen, sich Großstädte zu schaffen, mußte schnellen und billigen Verkehr, durch den Producenten und Consumenten wirthschaftlich zusammen rücken, als eine ihrer Haupt= aufgaben betrachten. Verkehrswege, Eisenbahnen, die in Erman= gelung der See und größerer Wasserstraßen Existenzbedingungen für Großstädte sind, fingen daher an, im Völkerleben eine poli= tische Rolle zu spielen.

Zu wessen Nutzen spielten sie diese Rolle? — Oertlich ge= nommen, zum Nutzen der Großstädte, wirthschaftlich zum Nutzen des Kapitals, in beiden Fällen zur Concentration führend.

Was heißt Kapital? — Giebt es Menschen ohne Kapital? Kapital, Geld, Kredit, Macht — sind heutzutage Begriffe, denen nur unwesentliche Unterscheidungen beiwohnen. Sie be= deuten sämmtlich die Befugniß, über anderer Menschen Arbeits= kraft in Vergangenheit oder Zukunft zu verfügen.

Wenn auf einer Banknote zu lesen wäre: „Dieser Schein giebt dem Inhaber unter Androhung der Hungerstrafe im Weige= rungsfalle die Macht, dem p. t. x. zu befehlen, drei Tage lang die Straße zu kehren, oder den p. t. y. anzuhalten, ihm einen Quadratfuß Bekleidungsstoff herzustellen, oder den p. t. z., ein Stückchen Land derart zu bestellen, daß innerhalb eines Jahres ½ Mtz. Weizen erzeugt wird, die Scheininhaber genießen kann — nach Ausführung eines dieser Befehle hat Scheininhaber den Schein an den Ausführer des Befehles zu überantworten, und steht Jenem nun auf Grund dieses Scheines dieselbe Befugniß zu —" wäre dies, oder ähnliches, auf der Banknote geschrieben, so wäre deutlich gemacht, daß Geld eine Machtbefugniß giebt. —

Es heißt aber auch Kredit, das ist Vertrauen auf das Fort= bestehen derselben wirthschaftlichen Zustände, auf die dauernde Macht der jetzigen Machtinhaber. Der Glaube an die fortdau= ernden Wirkungen unserer heutigen wirthschaftlich=socialen Gestal= tung verleiht dem Gelde, dem Kapitale allein diese Macht. Ist dieser Glaube, diese Idee gebrochen, so bricht von selbst die Ge= staltung zusammen, und Geld, Kapital, Kredit reduciren sich auf Muskelkraft, auf die stärkste Faust, die früher nur durch Arbeit die Macht=Banknote erlangen konnte, und die jetzt auch ohne ihn die Macht ausübt.

Hiernach ist die zweite Frage beantwortet, daß Kapitalin=
haber jeder Mensch ist, daß Kapital und Arbeitskraft daher prin=
cipiell keine Gegensätze bezeichnen; vielmehr ist letztere der Zins,
den die durch die Eltern in Unterhalt, Erziehung u. s. w. ange=
häufte Werthsumme gewährt. Ein Mensch mit Arbeitskraft ist
demnach ein wandelndes Kapital.

Sind nun Arbeitskraft und Kapital keine principiellen Gegen=
sätze, so kann doch die ungleiche Vertheilung des Kapitals, das
Zuviel und Zuwenig, sie zu thatsächlichen Gegensätzen heranwachsen
lassen.

Wenn ich daher behaupte, die constitutionell=liberale Theorie
funktionire zum Nutzen des Kapitals, so heißt dies nur, daß ihre
Wirkungen die Ansammlungen des Kapitals in den Händen Ein=
zelner erzeugen, und damit einen ungesunden wirthschaftlichen Zu=
stand herstellen.

Nehmen wir ein Beispiel dafür, daß der Glaube an die
Fortdauer derselben wirthschaftlichen Lage, dem Gelde allein die
Macht giebt.

Ein Schiff segelt von Hamburg nach Newyork. An beiden
Orten ist die wirthschaftliche Lage dieselbe. Die Passagiere führen
ihre ersparte Arbeit im Gelde mit, der Kapitän die seine in
Lebensmitteln und Waaren aller Art. Das Wetter ist günstig,
und findet ein Austausch dieser gegenseitigen Kapitalien nach Maß=
gabe des durch Angebot und Nachfrage längere Zeit hindurch
festgesetzten Tauschwerthes statt. — Das Schiff, vom Sturm er=
griffen, wird in die Südsee verschlagen. — Für Lebensmittel
wächst die Nachfrage, die Waaren gehen im Preise zurück. Die=
selben wirthschaftlichen Grundsätze bleiben bestehen, denn die Aus=
sicht auf eine, wenn auch verspätete Ankunft in Newyork ist nicht
genommen. — Das Schiff wird leck, der sichere Untergang steht
bevor. — Die Hoffnung auf Beibehaltung jener wirthschaftlichen
Zustände ist geschwunden, das Geld hat seine Macht verloren,
das Recht des Stärkeren ist an seine Stelle getreten. Lebens=
mittel und Waaren gehören den kräftigsten Armen, zur Befriedi=
gung des augenblicklichen Bedürfnisses.

Eine öde Insel erscheint am Horizonte; das lecke Schiff
scheitert an ihrem Strande, aber die gerettete Mannschaft birgt

Lebensmittel und Waaren am Ufer. — Abermals tritt ein Wechsel des wirthschaftlichen Zustandes ein. Das Recht des Stärkeren, so sagt die Vernunft, würde jetzt zur gegenseitigen Vernichtung führen. — Die Autorität tritt an seine Stelle. Diejenigen, welche als die Geeignetsten zum Schutze der Mannschaft gegen Klima und Krankheiten, zur Herbeischaffung und Erzeugung von Nah=rungsmitteln erscheinen, erhalten die Macht, die Arbeitskraft der Anderen zu benutzen. Geld und physische Kraft haben ihren Rang verloren — die Wirthschaftssysteme wechseln, sobald der Glaube an ihre Dauer und ihre Nützlichkeit wechselt.

So ist es denn die Idee, welche unseren heutigen wirthschaft=lichen Zustand erzeugt hat, und noch erhält; — und wer ihn be=kämpft, muß dies auch mit geistigen Waffen versuchen, sie sind die wirksamsten.

Also die Verkehrswege in ihrer stets größer erstrebten Ver•vollkommnung nützen örtlich den Großstädten, wirthschaftlich dem Kapital. Da nun jeder Mensch Kapitalist, so kommt dieser Nutzen auch der Gesammtheit zu statten?

Nur sehr bedingt.

Nach den Gesetzen der heutigen Wirthschaftslehre müßte jeder Producent, *) der, falls er genau zu rechnen verstände, seine Pro=duktion als unrentabel erkennte, von ihr abstehen, und sich dem rentenfähigen Gewerbe widmen. — Dies ist nicht der Fall; dem stehen ideale Gefühle, als Heimathsliebe, Unabhängigkeitssinn, dem steht die Routine, die Gewohnheit, und auch gerade die Ab=neigung vor kaufmännischer rückhaltloser Berechnung entgegen.

Die natürliche Folge dieses Beharrens bei der gewohnten Produktion ist eine sich mehrende Besteuerung obiger Gefühle und Gewohnheiten, die Verarmung der Massen, die schließlich das unklare Mißbehagen herbeiführt, das die benachtheiligten Klassen ergreift. Diese idealen Gefühle und Eigenschaften, die dem deut=schen Volke fast ausnahmslos eigen sind, erzeugen daher eine Ent=werthung der Produktion, die, wenn auch in Schwankungen, unausgesetzt stattfindet — das Produkt repräsentirt eine größere

---

*) Und Producent ist auch jeder Arbeiter mit der Hand oder mit dem Kopfe.

Summe von Arbeitskraft, den jedesmaligen Kapitalwerth derselben als Maßstab angenommen, als es überhaupt jedesmaligen Tausch= werth besitzt. So haben in den östlichen Provinzen Preußens heutzutage bei kleineren Landwirthschaften auf geringerem Boden, Gebäude und Inventar, falls sie in den bestehenden Zustand durch heutige Arbeitskraft gebracht werden sollten, meistens einen höhe= ren Werth, als der gesammte Gutspreis beträgt, wie ihn Angebot und Nachfrage bestimmt. So gilt der Tisch, den der selbständige Tischler selbst anfertigt, weniger, als das Holz mit der verwandten Arbeitskraft, zu dem Satze letztere gerechnet, wie sie einem Fabrik= arbeiter mit denselben technischen Kenntnissen bezahlt wird. Das heißt: Der selbständige Producent, der sich gegen die heutige Wirthschaftslehre, die den Großbetrieb for= dert, sträubt, kann mit Letzterem nicht mehr concur= riren.

Dies wäre weniger zu beklagen, wenn Preußen und Deutsch= land ein Land und Volk darstellten, das hauptsächlich durch Handel, durch Austausch der Produkte anderer Reiche bestehen könnte und das Producenten nur in geringem Maße brauchte; dazu fehlt dem Lande aber die geographische Lage, dem Volke der Kaufmannsgeist, wie beides z. B. in England vereinigt ist.

Derjenigen Klassen von Producenten, die abgelöst vom Hei= mathssinn, vom Familienbande, der günstigen Conjunktur stets nachzueilen vermögen, dem höheren oder niederen Proletarier, der sein Kapital an geistiger oder körperlicher Arbeitskraft mit sich führt, kommt ein derartiger Zustand allerdings auch zu Gute, jedoch immer nur für den Augenblick, denn gerade die Ablösung vom gesellschaftlichen Zusammenhang bedingt die Gefahren, die sofort über ihn hereinbrechen müssen, sobald eine äußere Macht, Krankheit oder eine wirthschaftliche Krisis von längerer Dauer ihn bedrohen. Giebt er aber andererseits die Vortheile auf, die ihm der Proletarierstand gewähren kann, macht er sich seßhaft, gründet Familie, wird er selbständig, so unterliegt er im gleichen Maße den Nachtheilen, welche für den Producenten gegenüber dem Handeltreibenden die heutige Wirthschaftslehre als nothwen= dige Folge mit sich führt. In dem durch die Lehre bedingten wirthschaftlichen Kampfe zwischen Kaufmann und Proletarier letz=

teren der Waffen berauben zu wollen, welche ihm die liberalen
Principien an die Hand geben, ohne ihm einen andern Schutz
angedeihen zu lassen, hieße die Entwickelung jener Klassenscheidung
nur beschleunigen. Derartige Waffen sind vor Allem die Arbeits-
einstellungen bei steigender Conjunktur zur Erzielung höherer
Lohnsätze, mit allen ihren oft blutigen Folgen.

Daß in den Großstädten diejenigen Kreise die größte Macht
erlangen müssen, welche sich um die Brennpunkte des Handels,
d. h. Börse und Presse, concentriren, liegt auf der Hand, denn
diese Kreise können die Schwankungen in der Entwerthung der
Produktion am ehesten sehen und benutzen.

Hiermit habe ich auch gezeigt, daß diese Klasse, Bourgeoisie
genannt, keineswegs in dem Sinne als eine die Allgemeinheit
schädigende aufzufassen ist, wie es in heutigen Parteikämpfen
öfters geschieht.

Vielmehr ist sie nur das unausbleibliche Resultat der con-
stitutionell-liberalen Entwickelung, und wer diese gewollt hat,
kann sich über jene nicht beklagen. Es zeigt überhaupt ein unent-
wickeltes Urtheil, schlechte Eigenschaften als ausschließlich einer
Volksklasse anhaftend darzustellen. Dieselben sind, wie die guten,
durch das ganze Volk meistens gleichmäßig, vertheilt, nur daß
sie bei den jedesmal herrschenden Klassen eine größere Wirkung
ausüben müssen.

Setzte sich diese Bourgeoisie auch nur aus Catonen zusammen,
aus Leuten, deren sittlicher Gehalt weit über den Durchschnitts-
werth der Menschen hinausginge, wären betrügerische Mittel, um
die Allgemeinheit zu täuschen, völlig unbekannt, so könnte trotzdem, falls die constitutionelle Entwickelung sich selbst überlassen
bliebe, ohne daß ihr Dämme entgegengesetzt würden, das Endergebniß der humanen Weltanschauung, der Uebergang des reellen
Besitzes in die Hand einer handeltreibenden Minderheit, das
Schwinden des Mittelstandes, der den Staaten ihre Festigkeit
verleiht, nur um Weniges aufgehalten werden.

Kaufmann und Arbeiter bilden die beiden Klassen, in die
der Mittelstand schließlich sich auflösen muß.

Die Latifundien gaben die Basis ab zum allmählichen Ver-
falle Roms. Damit die westeuropäische Civilisation nicht an der

Ansammlung des beweglichen Capitals in den Händen Weniger zu Grunde gehe, wird viel Aufwendung von Staatskunst, viel Aufopferung, viel Energie, viel Mühe und Arbeit erforderlich sein. — Es bleibt nur noch diejenige Seite der heutigen Wirthschafts= lehre zu besprechen übrig, welche die Massenverarmung in den Ländern, die nicht kaufmännisch begabt sind, am schnellsten be= werkstelligt, die Kreditwirthschaft. Die Nationalökonomie sagt dem kleinen Producenten: „Verbessere Deine Lage, Du kannst es. Dir fehlt das Kapital, um diese oder jene gewinnbringende Anlage zu machen, und Deine Arbeitskraft völlig auszunutzen. Für wenige Zinsen wirst Du es erhalten, borge es," — und der kleine Producent borgt es, denn der Gewinnst ist augenfällig. Doch es kommen schlechte Conjunkturen, die vergrößerte Anlage fordert ein vergrößertes Kapital, das keine Zinsen abwirft; der Hunger thut weh — er borgt und borgt — bis sein Eigenthum dem Darleiher anheimfällt. So reißt jede heruntergehende Con= junktur, jede Krisis im Handel das Eigenthum von Tausenden mit sich fort, und überliefert es in die Hände von Hunderten. Dauert die Krisis länger, folgen sie sich in kurzen Zwischen= räumen, so werden aus den Hunderten einige Dutzend, aus den Dutzenden einige Wenige, die das flüssig gemachte Kapital in sich aufnehmen, die sich der reell geschaffenen Werthobjekte bemäch= tigen. Die Kraft, den sicher erscheinenden Gewinn sich entgehen zu lassen, die Berechnung, daß nur der Verdienst als reell an= zusehen, bei dem der Verlust des eingesetzten Kapitals von dem Unternehmer leicht getragen werden kann, derartige Eigenschaften gehen dem deutschen Volke größtentheils, dem deutsch=slavischen ganz ab. Und doch sollte eine Wirthschaftslehre für ein Volk nach seinen Eigenschaften geschaffen werden, die dies Volk wirthschaftlich zur Blüthe gelangen lassen kann, nicht es nothge= drungen zu Gunsten Weniger verarmen läßt.

Die Versuche, durch Association, durch Produktivgenossen= schaften die kleinen Producenten widerstandsfähiger gegen die Folgen der neuen Wirthschaftslehre zu machen, mußten an der Unnatur dieser Schöpfungen überall dort zu Grunde gehen, wo das Terrain nicht ein ausgesucht günstiges war, und die zufällige Anwesenheit intelligenter und zugleich redlicher Leiter diesen Ge=

noſſenſchaften eine längere Lebensdauer nicht zuſicherte. Denn die Grundlage der Concurrenzunfähigkeit auf dem erweiterten Markte, die größeren Koſten der Einzel=Produktion gegenüber dem Fabrikbetriebe, kann eine Genoſſenſchaft nicht aufheben, ſie kann nur die Kreditfähigkeit ſteigern und verlängern, in demſelben Maße, als die Verarmung bei ihrem Zuſammenbruch eine um ſo intenſivere, und die Ausdehnung der wirthſchaftlichen Kriſis, die ſich an ſie knüpft, eine um ſo größere ſein muß.

Den Kampf der Maſſen gegen dieſe Reſultate der huma= niſtiſchen Lehre werde ich bei Beſprechung der deutſchen Verhält= niſſe erörtern.

Fünftes Kapitel.

Rückblick auf Deutschland.

Wir müssen jetzt einen kurzen Rückblick auf Deutschland, seine geographische Lage, seine Einwohner, seine äußere und innere Geschichte werfen, und finden schon zuerst, daß unser Vaterland geographisch und klimatisch keinen ausgesprochenen Charakter besitzt. Weder ein Binnenland wie Rußland, daß auf sich selbst angewiesen, seine Entwicklung abgeschlossen, in sich zeitweise finden kann, noch ein Handelsland, wie es die westlichen und südlichen Küstenformationen Europa's für die dortigen Staaten bedingen — von Allem Etwas, doch nichts ausschließlich vorwiegend. — Im Süden fruchtbar und klimatisch bevorzugt, im Nordosten dem Steppenklima Rechnung tragend, können wir eine Linie vom Quellengebiete der Oder nach dem der Ems ziehen, und haben dann die ungefähre nördliche Grenze des fruchtbaren deutschen Hügellandes, welches jenseits nach Nord= und Ostsee in weiter, oft wenig ertragsreicher Ebene abfällt. Bei einem arbeitsamen Volkscharakter bedingt daher schon die geographische Lage unserer Heimath eine Vielseitigkeit und einen dauernden wirthschaftlichen Kampf für ein Volk, das sich auf möglichst gleichem Niveau mit seinen Nachbarn, zu halten bestrebt ist.

Der Westen Deutschlands, vom Süden zum Norden gehend, beherbergt die im Ganzen rein germanisch gebliebenen Stämme der Allemanen, Franken, und Niedersachsen, während der ganze Nordosten mit slavischem Blute untermischt ist. —

Der im Westen ansäßige, von seinen germanischen Voreltern direkt abstammende Deutsche, kommt unleugbar dem Menschen= Ideale um ein Bedeutendes näher, als der östliche Deutsch=Slave, wenn er auch körperlich meist unter ihm steht. Geistige Regsamkeit, Gerechtigkeits- und Selbständigkeitsgefühl,*) eine wenn auch nicht große Gabe an Formensinn, vor allem aber ein ruhig-klares Denken, stellen ihn eine Stufe höher als seinen östlichen Bruder, der an allen diesen Eigenschaften mehr oder minder Mangel leidet. Zum Endgelt hierfür ist letzterem eine ungleich größere politische Begabung vom Himmel beschert worden, die ihn zu seinem staatlichen Uebergewicht über den Westen seit mehr als einem Jahrhundert berechtigt. — Grade das geringere Maß von Selbständigkeit läßt ihn die Anlehnung an eine sichere Leitung suchen, der Mangel an ruhiger Ueberlegung, dem ein nach jeder Richtung hin leicht zu entflammender Enthusiasmus gegenübersteht, befähigt ihn zu einem, wenn auch einseitigen, doch um so wirksamerem, weil koncentrirtem Eintreten für eine politische Idee, und der geringeren Gerechtigkeitsliebe, der Beugung vor dem Mächtigen, kann seine größere Opferwilligkeit zu Gute gehalten werden.**) Diese Eigenschaften und die ihm vorzugsweise innewohnende Arbeitsamkeit, Genügsamkeit und Ausdauer sichern dem Deutsch-Slaven, unter einer ihrer Zielpunkte bewußten Leitung noch auf lange hinaus die politische Hegemonie in Deutschland, welche das Geschlecht der Hohenzollern ihm erstritten hat. — Wenn ich daher die preußischen Verhältnisse hauptsächlich bei der Entwickelung Deutschland's in's Auge fasse, wenn ich Preußen's Zukunft mit der deutschen Zukunft identificire, so glaube ich nur den thatsächlichen Verhältnissen, die auch voraussichtlich einer baldigen Aenderung nicht unterliegen werden, Rechnung zu tragen.

Preußen hatte sich, äußerlich wenigstens, gegen die neue humanistische Richtung am längsten abgeschlossen, konnte jedoch auf die Dauer der übermächtigen Strömung nicht Widerstand leisten, und trieb in das allgemeine Fahrwasser mit hinein, zumal das übrige Deutschland ihm hierin meist schon vorangeschritten war. Im Wesen hatte allerdings schon der große Friedrich, ein

---

*) Besonders beim Niedersachsen.
**) Daß derartige allgemeine Urtheile über Volkscharaktere cum grano salis zu verstehen sind, ist natürlich. Bei Deutsch-Oesterreichern und Ungarn findet dasselbe Verhältniß statt, und haben die oben genannten Eigenschaften dem kleinen Volke der Magyaren seine politische Rolle allein ermöglicht.

gut Theil der Forderungen der Neuzeit vorweg genommen, wenn auch gemildert durch die kräftigen Gegenmittel, die er zu geben verstand, und geläutert durch eine Philosophie, welche die Praxis kannte, und die neben der unermüdlichen Fürsorge, der materiellen Lage der verarmten Nordostprovinzen Deutschlands eine bessere Basis zu ,verschaffen, den menschlichen Idealismus nicht gering achtete.*) — Es kam die Neuschaffung des preußischen Landrechts, welches die Mängel eines Buchstabengesetzes mit denen einer principienlosen Zusammenstellung der verschiedenen Rechtsgrund= sätze vereinte, und als geringen Vortheil die erreichte größere Gleichäßigkeit in der Rechtsanwendung Preußens hinterließ. —

Es kam die Zeit polittischer Erniedrigung, und mit ihr die Nothwendigkeit, die gesunkene Hoffnung auf Besserung der staatlichen Zustände wieder neu zu beleben; und wie hätte dies leichter be= werkstelligt werden sollen, als dadurch, daß man dem idealen Zuge der Zeit nachgab — und so kam die Stein'sche Gesetzgebung, und ihr Hauptwerk, die Städteordnung. — Mit derartigen Zuge= ständnissen, wie sie die Stein'schen Reformen enthielten, konnte aber eine mit den neuen Ideen erfüllte Jugend, wie sie aus den Freiheitskriegen heimgekehrt war, nicht befriedigt werden. Doch gerade diese Freiheitskriege, welche als ein Sieg der alten Formen über die neue von der Allgemeinheit aufgefaßt werden mußten, raubten den vorzeitigen deutschen Schwärmern den günstigen Boden. Die Demagogenhetzen der zwanziger Jahre stießen daher selbst bei der städtischen Bevölkerung nicht auf Widerstand, kaum auf Widerwillen.

Dennoch gingen diese Ideen ihren Gang. Es trat die völlige Trennung der Verwaltung von der Justiz ein, und wurde dem flachen Lande ein Ersatz hierfür nicht einmal in neumodischer Art gewährt, nur daß man einzelne ständische Ueberreste, wesenlos wie sie jetzt geworden waren, noch bis auf die Neuzeit hin fort= vegetiren ließ.

Noch manche andere Reform, die sich den Ideen der Revo= lution mehr oder minder anschloß, wäre zu verzeichnen; in ein schnelleres Tempo kamen diese Reformen jedoch erst anno 1848,

---

*) „Nutrimentum spiritus“ in beliebiger Uebersetzung.

wo ein abermaliger Anstoß aus Frankreich genügte, um sämmtliche absolute Monarchien Deutschlands über den Haufen zu werfen, und überall die constitutionellen Formen zu begründen. Die Reaktionen gegen diese gewaltsamen Erzwingungen ließen zwar nicht auf sich warten, doch waren sie, besonders in Preußen, so gedankenarm, beschränkten sich meistens auf kleinliche Repressivmaßregeln, und klammerten sich an das absolute Regiment an, um die constitu= tionelle Schraube um einige Windungen zurückdrehen zu können, daß dadurch der Entwickelungsgang der constitutionellen oder libe= ralen Idee kaum aufgehalten wurde.

Es folgt die Zeit der diplomatischen und kriegerischen Erfolge für Preußen, gereift und hervorgerufen durch das deutsche National= gefühl.

Und hierbei stoßen wir wieder auf eine Ausnahme in der constitutionell=liberalen Regel — wenigstens scheinbar. Das Hu= manitätsprincip, soweit es auf die Politik Einfluß gewann, konnte nur nivellirend wirken, und bestimmte Grenzen, wie sie historisch sich entwickelt hatten oder auch, durch die verschiedene Nationalität bedingt, bestanden, nicht anerkennen, es trat vielmehr in der Po= litik rein kosmopolitisch auf. — Ein allgemeiner Menschenbund mußte stets das letzte politische Ideal der neuen Weltgestaltung bleiben.

Vorerst jedoch war es eine naturgemäße Forderung des deutschen Liberalismus, die bestehenden deutschen Kleinstaaten zu beseitigen, denn wenn sie auch den feudalen Schutz vergangener Zeiten nur durch den Schutz der näheren Bekanntschaft, der eigenen persönlichen Anschauung der Dinge und Menschen ersetzten, so waren es doch eben so viele natürliche Dämme, die sich gegen die liberale Idee mit ihrer Wirthschaftslehre, gegen das von diesen Lehren geforderte Nivellement, welches allein einen fruchtbaren Boden für sie abgiebt, entgegenstemmten. Diese Dämme mußten durchbrochen werden, und die Benutzung des Nationalgefühls war dazu ein brauchbares Mittel.*)

---

*) Der noch theilweis gebliebene autonome Charakter, der Vielstaaterei in Deutschland, scheint mir bei der heutigen Entwickelungsstufe unserer Verhält= nisse überhaupt nur eine Frage der Zeit zu sein.

Da ich jedoch keine Anklageschrift gegen die Zeitrichtung schreibe, so muß ich hinzufügen, daß derartige egoistische Gründe keineswegs allein oder auch nur hauptsächlich es waren, welche das deutsche Nationalgefühl innerhalb der liberalen Parteien hervorriefen, oder es ihnen annehmbar machten — es suchen ja die Ideen wie die Personen zuerst nur instinktartig das ihnen passende Terrain und die Mittel oder Speisen, welche ihnen förderlich sind — vielmehr muß dies Gefühl (die Vervollkommnung des Sinnes für Familie und Verwandschaft) in der constitutionellen Entwickelung vor Allem als der naturgemäße Protest gegen die kosmopolitischen Lehren, als eine Reaktion gegen die Unnatur angesehen werden. Es steht darin auf gleicher Stufe mit dem Verlangen nach Selbstverwaltung, mit der Decentralisation, welche ebenso die Schäden der modernen Ideen, in einer sich ihnen äußerlich anpassenden Form, zu heilen suchen.

Während nun die liberale Partei einerseits die in jeder Hinsicht gerechtfertigten Bestrebungen auf eine unabhängige und achtunggebietende Stellung Deutschlands dem Auslande gegenüber verfolgte, suchte sie zu gleicher Zeit die in den Kleinstaaten bestehende Decentralisation zu zerstören, ohne eine andere an ihre Stelle zu setzen; denn die später von ihr in's Leben gerufene sogenannte Selbstverwaltung, wie sie die Kreisordnung und andere Gesetze bewirken sollten, gestaltete sich vielmehr als Etappe zu bureaukratischer Centralisation.

Die Vaterlandsliebe war es also, die das preußische, das deutsche Volk die Kriege ruhmreich durchkämpfen ließ, welche Deutschlands politische Größe begründen sollten, und für jeden Deutschen wird die Erinnerung an diese Zeiten eine erhebende bleiben.

Welch hoher idealer Werth aber auch in der Vaterlandsliebe erkannt werden muß, welch dauernde Errungenschaft selbst nur die Erinnerung an vergangene ruhmreiche Zeiten im Menschen- und Völkerleben bezeichnet — es darf uns gegen die Folgen um so weniger blind machen, welche gerade in Preußen durch ein Zusammentreffen der verschiedensten Ursachen die ruhmreichen Kriege für die innere Entwickelung mit sich bringen sollten.

Diese Folgen bestanden in dem beschleunigten Gange, den der liberale Proceß nehmen mußte, denn noch wurde ja die libe= rale Bewegung als eine segenspendende und beglückende vom deutschen Volke fast allgemein begrüßt, und für das einmüthige Eintreten in einen nationalen Krieg gewissermaßen als Entgelt gefordert. Production und Handel in ihrem erweiterten Absatz, mit ihren neuen Bezugsquellen, der Zusammenfluß der Kapitalien in Actienunternehmungen, schienen eine nie gekannte Aera mate= riellen Gewinns zu inauguriren. Das Erwachen aus diesem Taumel, aus diesen schönen Zukunftsträumen war ein bitteres, das ernüchterte Auge sah an Stelle stolzer Paläste morsche Rui= nen, die in ihrem Sturze Tausende unter ihren Trümmern be= graben hatten. Die historischen Gesellschaftsklassen waren durch= einander gerüttelt*), sie hatten sich amalgamirt, — Edelmann, Gelehrter, Kaufmann, Handwerker — sie waren speculirende Bourgeois geworden, — ein kleiner Theil hatte sich oben ge= halten — die Masse der Proletarier, an Zahl und Ansehen ge= wachsen, verschlang die zerstörten Existenzen. Doch an einem Tage ward Rom nicht erbaut, und mit einer Krisis können historische Klassen nicht vom Erdboden verschwinden. Verschwunden sind also auch in Preußen die historischen Klassen heute noch nicht, obgleich ihrem Wesen nach geschwächt und an Zahl zu= sammengeschrumpft.

Werfen wir einen kurzen Blick auf die hauptsächlichen: Adel, Kaufmannsstand, Beamte, Kleinbürger, Bauern und Arbeiter. Adel und Bauer gehören zusammen; denn nur eine Klasse, die vor Allem idealen Gesichtspunkten huldigt, und welche zu gleicher Zeit die Macht besitzt, im Staatsleben diese Anschauungen zur Geltung zu bringen, bildet eine wirkliche Aristokratie, und können wir sie Adel nennen. Preußen konnte daher nur einen Land= adel besitzen, da der Handel zu gering war, um ein seßhaftes städtisches Patriciertum von Bedeutung zu schaffen; die liberale Gestaltung der Gesellschaft kennt ein solches überhaupt nicht. Der Landadel, in seiner eigentlichen Bedeutung, durch das feudale

---

*) Je mehr Spielraum sie der Phantasie vor dem trockenen Verstande ge= lassen, um so willenloser waren sie der Bewegung gefolgt.

Band mit dem Bauer verbunden, gehörte dem Mittelalter an, die absolute Periode hatte ihn schon zur eigenen Bebauung seiner Feldmarken gezwungen, und als Uebergangsstadium ihm nur die Naturalwirthschaft gelassen, — die Neuzeit zerschnitt auch die letzte äußerliche Verbindung mit seinen früheren Untergebenen, und so ging der Adel in einen begüterten Kaufmannsstand über, der seine Landgüter nach den Principien einer Fabrik betreiben muß, um nicht materiell zu Grunde zu gehen. Der Schmuck des Namens hat in Preußen, wie anderwärts, eben nur die Bedeu= tung eines Schmuckes behalten. — Wenn ich daher dennoch vom Adel als von einer existirenden Klasse spreche, so thue ich dies deswegen, weil der Verlust der den Namen begründenden Stel= lung dieser Klasse noch ebenso wenig zum Bewußtsein gekommen ist, wie der großen Masse, die sich mit dem Namen begnügt, und den Schein gleichfalls noch für Wirklichkeit nimmt. Wenn also auch der Landadel in Preußen als Klasse seine frühere Bedeutung einbüßen muß, und wenn auch die agrarischen Bestrebungen, die ihm im neumodischen Gewande einen Theil seines berechtigten Einflusses wiedergewinnen könnten, den gehofften Erfolg nicht haben werden — die Menschen, welche diese Klasse ausmachten, sind geblieben; die Kräfte, denen zum großen Theil die Erfolge Preußens zu verdanken sind, existiren heute noch*). In den Officier=, zum kleineren Theile in den Beamtenstand hat der Land= adel seine Söhne gegeben, und mit ihnen den Geist der Opfer= willigkeit, den der Anhänglichkeit an das Haus Hohenzollern, und wenn einst eine neue Aristokratie in Preußen erstehen wird (und ohne eine solche kann kein Reich dauernd sich erhalten), werden die alten Namen nicht fehlen.

Doch was ist aus dem früheren Untergebenen, dem Bauern geworden? Er wurde frei — das heißt, er wechselte den Herrn. Ueberall dort, wo die Natur nicht den Kleinbetrieb selber schützte**),

---

*) Als Stand, weil seit Jahrhunderten durch Lehnsverbände in ihrem Be= sitze geschützt, hatten in der Mark und Pommern noch einzelne Zweige des Adels ihren berechtigten Einfluß bewahren können.

**) Thalformationen mit mildem, leicht bestellbarem Boden, wie Süd= und West=Deutschland sie besitzen, begünstigen diesen Kleinbetrieb.

wo nicht der Volkscharakter der freien Handelsaera Widerstand
leisten konnte, mußten die Bauern dem Fabrikbetrieb der Land=
wirthschaft weichen, wanderten sie in die Städte, wurden sie Unter=
gebene des Kaufmanns, der nicht aus ererbtem Rechte, sondern
kraft richterlichen Urtheilsspruches den Zinsgroschen erhebt, und
dem die Wechselunterschrift ein besserer Bürge für Aufrechterhal=
tung seiner Privilegien (kraft besserer Rechenkunst) geworden ist,
als Daumschrauben und Hellebarden des Mittelalters. Doch zum
Glück für Preußen, zum Glück für Deutschland ist eben der
deutsche Volkscharakter, wenn er auf Vertheidigung des kleinen
ererbten Familiensitzes gerichtet ist, ein wahrhafter und ein zäher,
der einen dauernden Kampf gegen die humanistische Weltan=
schauung, und nicht ohne Erfolg führt. — Das römische Erbrecht
mit seinem Pflichttheil wird vom Bauer nicht anerkannt, und
willig nehmen die benachtheiligten Familienglieder zur Erhaltung
des Besitzes dies Opfer auf sich. Preußen hat daher noch in
seinen meisten Provinzen einen seßhaften Bauernstand, dessen
Erhaltung eine der Hauptaufgaben eines jeden Staates ab=
geben muß.

Der Kaufmann hat nur im Westen und Norden unseres
Vaterlandes seine solide Basis zum großen Theile behalten, wäh=
rend im Osten die unsolide Geschäftsführung, die alle Völker mit
mehr oder minder slavischem Blute leider begleitet, zu Hause ist.
Unsere heutige Rechtsanschauung, die dem Betruge Thür und
Thor öffnet, begünstigt diese wenig erfreuliche Sachlage.

Um so angenehmer ist es, hervorheben zu können, daß der
preußische Beamtenstand im Großen und Ganzen die Integrität,
die ihn seit jeher auszeichnete, bewahrt hat; allerdings auf Kosten
der Kenntniß des praktischen Lebens, von dem er sich, im engen
Kreise wissenschaftlicher Theorie eingeschlossen, mehr und mehr ent=
fernte, und hierdurch gleicherweise zur Beschleunigung der socialen
Neugestaltung mit beitrug.

Kleinbürger, Handwerker, denen die Vertheidigung eines
eigenen Heims nicht oblag, denen die Concurrenz des Großbe=
triebes am gefährlichsten wurde, mußten am schnellsten unter
dieser Neugestaltung leiden, und unterlagen ihr meistens bald.
Nur in den Provinzialstädten fristen sie noch eine stets mehr ge=

4*

fährdete Exiſtenz, die von der des gewöhnlichen Arbeiters, des Proletariers, der von der Hand in den Mund lebt, meiſt wenig zu unterſcheiden iſt.

Unſer deutſcher Arbeiter endlich, abgelöſt von allen ſocialen Banden, die ihn an die höheren Klaſſen vor Zeiten feſſelten, bietet das am wenigſten erfreuliche Bild, das ich bei Beſprechung der Socialdemokratie näher beleuchten werde.

Sechstes Kapitel.

Wir stehen jetzt auf dem Boden, von dem aus wir die heutigen, Preußen und Deutschland bewegenden Fragen betrachten können, und will ich zuerst den Kampf besprechen, der von den verschie= densten Seiten aus gegen die humanistische Weltanschauung und seine Folgen geführt wird, die, wie wir gesehen haben, gerade in unserm Vaterlande nur selten die gehegten Erwartungen be= friedigen konnten.

Zwar wird dieser Kampf von keiner Seite mit dem vollen Bewußtsein der wahren Zielpunkte unternommen, er richtet sich meist ganz äußerlich gegen Personen, gegen Parteiungen, die nur die nothwendige Consequenz unserer Entwicklung sind, und denen der naive Glaube ganz besonders schädliche Ansichten, Eigenschaften, Wünsche und Bestrebungen andichtet; doch soweit wir auch in dem Buche der Weltgeschichte zurückblättern, stets werden wir dieselbe Erscheinung finden. Neue Anschauungen brechen sich Bahn, indem sie Einzelne, Klassen oder Völker als Repräsentanten der alten und zu gleicher Zeit als mit den häßlichsten menschlichen Lastern behaftet darstellen, — erst späteren Jahrhunderten pflegt eine vorurtheilsfreiere Beurtheilung vorbehalten zu sein. Von drei Seiten geht der Angriff aus, — von Seiten des religiösen Ge= fühls, von der benachtheiligten Kleinindustrie, von der alles socialen Schutzes beraubten Arbeiterklasse, oder um sie in ihren hauptsäch= lichen Repräsentanten mit landläufigen Ausdrücken zu benennen, von den Ultramontanen, den Agrariern, den Socialisten. Es ist dies ein durchaus anders gearteter Kampf, als der, welchen die humaniſtiſche Idee mit den Ueberbleibſeln der abſoluten und feudalen Epoche durchzufechten hatte. Hier ſind es nicht bedrohte Privi=legien, nicht der conſervative Sinn, der auf Erhaltung des Alt=hergebrachten gerichtet iſt, und welcher ſich gegen die liberale Ver=gewaltigung ſträubt; hier ſind es große Berufsklaſſen, die um ihre materielle Exiſtenz kämpfen, hier iſt es der Idealismus*), der ſich gegen die Herrſchaft der materialiſtiſchen Philoſophie und ihre Conſequenzen wehrt.

Der Kulturkampf, der Kampf um die erworbene Civiliſation, wie ihn der Liberalismus nennt, begann mit den kirchlichen Streitig‧keiten, die äußerlich von der Verkündigung des Unfehlbarkeits=Dogma's ausgehend, binnen Kurzem in einen Kampf zwiſchen Staat und katholiſcher Kirche ausarteten.

In wenigen Grundzügen habe ich die kirchliche Entwickelung Deutſchlands ſchon berührt. Ich habe geſagt, daß die evangeliſche Kirche Norddeutſchlands durch die Streitigkeiten ſowohl wie durch die Vereinigung der in ihr beſtehenden verſchiedenen Bekenntniſſe gelitten, und daß die lutheriſche insbeſondere durch die Anlehnung an die Staatsgewalt der idealen Krone ſich beraubt hatte. Die Streitigkeiten, im germaniſchen kritiſirenden Volkscharakter begründet, ließen die äußere Macht, die einer jeden Kirche für Aufrechthaltung der Disciplin ihrer Glieder in gewiſſem Grade unentbehrlich iſt, nicht zur Geltung kommen, und die Vereinigung, vor Allem die in Preußen ſtaatlich betriebene Union des lutheriſchen und reformirten Bekenntniſſes, gaben mit dem philoſophiſchen Materialismus, der ſeinen Einzug in Deutſchland hielt, der evangeliſchen Kirche theilweiſe eine der=artig flache Richtung, daß ihr kirchlicher Charakter faſt in Frage kam. Die Folge dieſer verſchiedenen Mängel war, daß in den norddeutſchen, evangeliſchen Großſtädten, die ohnehin eine mate=rialiſtiſche Richtung mehr begünſtigen, als das flache Land, die Kirche allen Einfluß verlor, und zur Zeit nur dem Namen nach exiſtirt.**)

---

*) Denn ein religiöſer Kultus, und wenn er auch nur in der verknöchertſten und äußerlichſten Weiſe exiſtirte, — für die Maſſe der Gläubigen iſt er immer‧hin die Hülle ihrer idealen Gefühle.

**) Einen rein kirchlichen Charakter in germaniſch‧evangeliſchem Sinne haben heute in Norddeutſchland verſchiedene Sekten (Herrnhuter u. a.) bewahrt.

Doch nicht nur die gebildeten Stände evangelischen Glaubens hatten sich durch die materialistische Richtung der Philosophie sowohl, wie durch die der constitutionellen Entwickelung, welche die Macht allein dem Gelde zuspricht, dem religiösen Idealismus entfremdet, auch die katholische Welt war dem mehr oder weniger gefolgt; es lag demnach in der Nothwendigkeit für eine Kirche, die, um ihren inneren Gehalt zu retten, ihre äußere Form wahren muß, dieser Form eine festere Basis gegen den eindringenden Materialismus zu geben. Die katholische Kirche glaubte dies da-durch am besten zu bewirken, daß sie die oberste Instanz in Glaubenssachen aus den Concilen, denen bisher die letzten Ent-scheidungen zugestanden hatten, in die Person des gewählten Kirchenhauptes verlegte. — Zu einer Zeit, in der die Kirche neben dem geistigen ein wirklich politisches Regiment, wie im Mittelalter, ausübte, hätte eine derartige Machterweiterung, die indirekt aus dieser Befugniß sich ergeben muß, für die Ruhe der europäischen Staatenfamilie in hohem Grade gefährlich werden können. In der zweiten Hälfte des 19. Jahrhunderts haben die Verhältnisse sich geändert, und muß in dem Unfehlbarkeitsdogma zur Jetztzeit hauptsächlich eine Maßregel zur Erhaltung der Disciplin innerhalb der kirchlichen Hierarchie, theilweise auch eine Reaction gegen die allzugroße Hingabe an den Pantheismus gesehen werden, der auch in der katholischen Dogmatik seine Spuren zurückgelassen hatte.

Während im Mittelalter das Concil die Vertretung der Christenheit in seinen einzelnen Reichen in sich vereinte, und schon durch die verschiedenen in ihm tagenden Nationalitäten ein Gegengewicht gegen einseitige Handlungen zum Nachtheil eines Staates abgab, läßt die persönliche Befugniß des katholischen Kirchenhauptes einen derartigen Schutz allerdings vermissen; da-gegen sind im 19. Jahrhundert überhaupt alle Kirchen in der Europäisch-amerikanischen Staatenfamilie auf rein geistige Mittel angewiesen, denen sich jeder ohne ernsthafte Schädigung an Leib und Gut entziehen kann, sobald sie ihm nicht zusagen. Wenngleich nun die äußere Wirkung eines Dogma's, wie das der Unfehlbarkeit, keine unmittelbare mehr sein konnte, so glaube ich doch, daß derselbe Zweck in einer milderen, die Masse der Andersgläubigen weniger zurückstoßenden Form hätte erreicht werden können.

Dies Dogma gewährte Angriffen von den verschiedensten Seiten ein günstiges Terrain. Denn wenn auch die unmittelbare Wirkung fehlte, die mittelbare hat die katholische Kirche durch den Einfluß, den sie auf das Gemüth ihrer Anhänger auszuüben weiß, sich noch gewahrt. Ist dieser Einfluß nun wirklich ein unsere Sitten und Gebräuche, unsere Kultur gefährdender? — Man könnte mit demselben Rechte behaupten, daß er die Civilisation wie wir sie nun einmal besitzen, zu erhalten bestrebt sei, als daß er sie bekämpfe; denn überall dort, wo die katholische Kirche durch die liberal-constitutionelle Entwickelung auch zum staatlichen Uebergewicht gelangt ist, wie zeitweise in Frankreich, Belgien und den Südamerikanischen Republiken, hat sie sich nie mit dieser Entwickelung in Widerspruch gesetzt, hat sie nie einen Neubau der Gesellschaft auf gesunderer Grundlage versucht. Auch ein Zurückgreifen auf Staatseinrichtungen vergangener Zeiten, eine Adoption mittelalterlicher Einrichtungen hat sie verschmäht.*) Sie hat sich stets den bestehenden Formen angepaßt, und hat nur deren verderbliche Folgen abzuschwächen und zu mildern gesucht.

Und darin sehe ich allerdings den politischen Geist des Katholicismus, der seine Herrschaft nur dazu benutzt, seine Organisation zu kräftigen, seine Autorität, seinen Einfluß auszubreiten, der aber vor jedem thatsächlichen Eingreifen in die sociale Entwickelung zurückschreckt, in der richtigen Erkenntniß, daß dies nicht das Amt einer Religion sein könne, und in der Erwägung, daß mit dem Mißlingen einer versuchten socialen Neugestaltung auch der Einfluß und die Kirche selbst darüber zu Grunde gehen könnte.

Ganz anders verhielt und verhält sich der protestantische Geist, wenn er in Zeiten religiöser Erregung zu ausschließlichem Einfluß und Macht gelangt. Dann ist er radikal, revolutionär, die Gesellschaft auf theokratischem Grunde umformend, staatenbildend, muß

---

*) Das in den constitutionellen Kämpfen der liberalen Partei bekannte Mittel zur Leitung der urtheilslosen Masse, ihr historische Erinnerungen, deren Nichtanwendbarkeit auf heutige Verhältnisse sie nicht zu fassen vermag, in einem schaurigen Lichte auszumalen, wurde auch in Deutschland vielfach angewendet, und ihr ein Uebergewicht des geistlichen Elements als mit Wiedereinführung der Inquisition, der Tortur und der Hexenprozesse fast gleichbedeutend hingestellt.

aber gar oft an den eigenen Utopien untergehen, und hat nur selten die feste Form gefunden, die ihm die selbstgeschaffene Organisation auf die Dauer erhielt. Die Krieger Cromwell's, die Bilderstürmer, Wiedertäufer, bis auf die heutigen Mormonen und die communistischen Sekten Nordamerika's geben manches Beispiel hierfür ab. Wenn ich trotzdem für die evangelische Kirche eine Auflösung der Union, eine Sektenbildung jetzt für geeignet halte, um ihren religiösen Gehalt zu wahren, so liegen eben die erwähnten Gefahren in weiter Ferne, die Gefahr der materialistischen Auflösung dagegen in drohender Nähe. Der verspätete Versuch in Preußen, die evangelische Kirche auf breiter Grundlage auf eigene Füße zu stellen, könnte nur dann gelingen, wenn eben diese breite Grundlage der evangelischen Massen noch kirchlich, noch religiös gesinnt wäre; was aber zum Theil leider nicht mehr der Fall ist.

Doch ausgestorben ist der religiöse Sinn auch im norddeutschen Volksstamme gottlob noch nicht; die wachsende Erkenntniß der Gefahren, die der Kirche drohen, scheint ihm vielmehr neues Leben zu erwecken.

Daß die christliche Kirche daher in ihrer Gesammtheit sowohl der materialistischen Philosophie als der neuen Wirthschaftslehre, und dem ganzen Entwickelungsgange, den jede constitutionelle Regierungsform allmählich zu nehmen pflegt, principiell feindlich gegenüber steht, ist selbstverständlich; und dies ist der Kernpunkt des Streites zwischen modernem Staat und Kirche. Denn selbstverständlich ist es, wenn ein lebender Organismus sich gegen den Angreifer wendet, der seine Existenzbedingungen, seine Lebensfäden abzuschneiden sucht; und daß jene Philosophie eine jede Dogmatik, die sich auf unmittelbare göttliche Offenbarung stützt, negirt, wird wohl am wenigsten von ihr selbst bestritten. Eine Religion ohne Anerkennung einer solchen Offenbarung gehört aber in's Reich der Träume.

Selbstverständlich ist es ferner, wenn der von der neuen Wirthschaftslehre, durch die Loslösung des einzelnen Individuums von der Autorität und dem Schutze, den die Autorität ihm gewähren muß, geforderte Vorzug der Produktion vor den Gesetzen des allgemein menschlichen Idealismus, von keiner Kirche, auch von der evangelischen nicht, zugestanden werden kann. In den

Staaten, in welchen innerhalb der Constitution die Kirche zur Herrschaft gelangt ist, sehen wir daher auch eine Beschränkung der Produktion eintreten, mindestens durch den staatlichen Schutz, den sie den niederen Klassen zu gewähren sucht, durch ein Fern= halten der Industrie, durch Einführung einer größeren Anzahl Ruhetage und durch eine mehr oder minder starke Agression gegen die materialistische Wissenschaft unserer Zeit.

Es ist diese Beschränkung eine naturgemäße Reaktion gegen die Folgen der liberal=constitutionellen Entwickelung — eine Lösung der Frage, ein Wiederaufbau der Gesellschaft auf gesunderer Grundlage ist es nicht.

Da aber Krisen, wie sie bei einer Beschleunigung unver= meidlich eintreten, mit ihren Folgen die Arbeit von Jahrhunderten zu vernichten im Stande sind, muß ich ein kirchliches Uebergewicht im constitutionellen Staate als einen socialen Regulator an= erkennen. Er pflegt nur dann in Funktion zu treten, wenn die sociale Grundlage des Staates derart verschoben ist, daß ein Theil der benachtheiligten Klassen sich unter den Schutz des obersten menschlichen Idealismus begiebt, um von hier aus gegen die Un= natur der gesellschaftlichen Gliederung zu protestiren.

Ich glaube meinen Ideengang jetzt insoweit veranschaulicht zu haben, daß ich die Streitigkeiten zwischen Staat und katholischer Kirche nur als äußerlich von dem Unfehlbarkeitsdogma ausgehend bezeichnen kann. Die innere Nothwendigkeit bedingt, daß der Liberalismus in jedem constitutionellen Continental=Staate zu einem Kampfe gegen die Kirche (gleichviel ob katholischer oder nicht katholischer) getrieben wird.

Ich kann daher auch die Frage, von welcher Seite der Streit in Deutschland begonnen, als gleichgültig bei Seite lassen, und komme zu den Mitteln, welche die herrschende Partei in Preußen anzuwenden für nöthig fand, um die vermeintlichen Gefahren, die die vergrößerte Macht der katholischen Kirche mit sich bringen könnte, von Preußen und Deutschland abzuwenden.

Die Mittel, mit denen der Liberalismus innerhalb der Gesetz= gebung die Macht der Kirche zu bekämpfen sich entschloß, waren zweifacher Natur. Das eine derselben zielte auf Entstaatlichung hin. Ein Gesetz, die obligatorische Civilehe und die Beurkundung

des Personenstandes betreffend, nahm der Geistlichkeit das alleinige
Recht auf Eheschließungen, das sie im größten Theile Deutsch=
lands bisher gehabt; die Verwaltung des Kirchenvermögens wurde
aus den Händen der Geistlichkeit in die der Gemeinden verlegt.
Es sind dies Maßregeln, die vom conservativ=kirchlichen Stand=
punkte aus vielleicht bekämpft werden können, die aber bei der
heutigen Sachlage unabwendbar sind, und die gerade bei dem
noch religiös gesinnten Volkstheil zur inneren Erstarkung der Kirche
dienen können.

Um so unheilvoller ist das zweite Mittel, das der Liberalis=
mus anwandte. Ich meine die bekannten Kanzelparagraphen,
Maigesetze und darauf folgenden Repressivmaßregeln. Hier sollte
das entgegengesetzte Princip Abhülfe schaffen. Als Grundlage
wurde die Staatskirche in's Auge gefaßt, die im größten Theile
der evangelischen Kirche eine jeder Regierung willige Geistlichkeit
geschaffen hatte. Auch die Diener der katholischen Kirche sollten
derart mit den verschiedenen Staatsorganismen verflochten wer=
den, daß eine der regierenden Macht gegenüber ausgesprochene
feindliche Haltung, nach Ansicht der Gesetzgeber, in Zukunft als
unmöglich sich erweisen mußte.

Besteht nun das Wesen einer Staatskirche in einer Unter=
ordnung der Kirche unter die staatliche Gewalt, meistens ausge=
hend von dem nationalen Gefühl der Zusammengehörigkeit, so
glaube ich doch, daß die Wirkung dieser Institution, die stets
begehrt und bekämpft wurde, in den verschiedenen von mir nam=
haft gemachten Perioden auch eine verschiedene gewesen ist.

Ich glaube dieselbe dadurch am einfachsten zu kennzeichnen,
wenn ich die Staatskirche während des Mittelalters als identisch
mit einem Kirchenstaat bezeichne, während der absoluten Periode
mit einer bigotten Tyrannis, und bedeutet dieselbe bei der heutigen
constitutionellen einfach die Verbreitung des Materialismus, denn
in dem Maße, als der staatliche Einfluß in der Kirche wächst,
mindert sich der kirchliche Einfluß auf das Laienelement *) und

*) Die evangelische Kirche giebt einen sprechenden Beweis, und hat ja auch
die Erkenntniß dieser traurigen Lage zu dem jetzigen Versuch einer Regenerirung
geführt.

treibt die Massen dem Materialismus in die Arme. Eine Priester=
schaft, die ihre Bildung, ihre Erziehung nur auf Anstalten er=
hielte, welche die materialistische kirchenfeindliche Richtung prin=
cipiell pflegen, würde einen jeden Religionscultus zur widerlichen
Farce herabwürdigen.

Ist nun also zuzugeben, daß jede Kirche, soweit sie nicht
etwa die staatliche Alleinherrschaft sich erstritten hätte, mehr oder
minder unseren heutigen Regierungsformen, wie sie aus den An=
schauungen unserer Zeit sich entwickelt haben, feindlich gegenüber
steht, so bleibt nur die Frage zu beantworten, ob der Kirche
überhaupt noch ein Einfluß auf das Laienelement zu belassen sei,
oder nicht.

Der deutsche Liberalismus beantwortet diese Frage mit „nein",
indem er die freiheitliche Gestaltung des staatlichen Lebens, wie
er sie im Anfang gepredigt, als gefahrbringend bei Seite schiebt,
auch die inneren Angelegenheiten des Cultus vor sein Forum
zieht *), und den Einfluß des Klerus überhaupt aufzuheben be=
strebt ist.

Wenn die geistigen Leiter **) dieses Kampfes gegen die
katholische Kirche ***), der ja nicht vom christlich=protestantischen,
sondern vom materialistisch=philosophischen, also atheistischen Stand=
punkte aus geführt wird, — wenn diese Führer, denen doch immer=
hin noch der Idealismus der Ehre, der Pflicht, des Anstands,
der Sitte zur Seite steht, die Wirkungen selbst sehen würden, die
ein Sieg in ihrer eigenen Sache auf die von der Kirche völlig
losgelösten Massen, die mit der Religion ja auch allen übrigen
Idealismus verlieren, nothgedrungen ausüben würde, — sie

---

*) Ich erinnere an Bestimmung über „heiliges Oel", an Erzwingung der
Absolution von Seiten katholischer Geistlichen an renitente Mitglieder der Kirche,
an Strafverfügungen über Ausstoßung aus der Kirchengemeinschaft u. s. w.

**) Und gerade der Partei (der deutschen Fortschrittspartei) gehören diese
Führer an, welche vor Allem die freiheitliche Entwickelung, die Selbstbestimmung
auf ihre Fahne geschrieben hatte.

***) Der Kampf soll zwar angeblich nur gegen den Ultramontanismus ge=
führt werden, da aber die überwiegende Anzahl der deutschen Katholiken, wie
alle Wahlen beweisen, ultramontan gesinnt ist, so wäre es lächerlich, den Katho=
licismus als außer Spiel zu betrachten.

schlössen, und wäre es auch nur aus Nützlichkeitsgründen, noch heute Frieden.

Und eine allzuweite Umschau braucht man nicht zu halten, um nur noch thierischen Gelüsten nachgehende Individuen zu erblicken; allzufern liegen auch die Wirkungen nicht, die eine Herrschaft von derartigen Massen auf Cultur und Fortschritt ausüben.

Bis jetzt hat der Culturkampf allerdings die Ziele, die er sich gestellt, nicht erreicht; er hat vielmehr im Gegentheil das Band zwischen Klerus und Laienthum fester geschlungen, als es seit einem Jahrhundert in Deutschland der Fall gewesen; er hat endlich, indem er die immerhin legale Glaubenslehre bekämpfte, dem Aberglauben in seiner phantastischen Form, dem er machtlos gegenüber steht *), das Feld geebnet; für die Cultur wohl auch kein Fortschritt.

Soll nun aber der Staat der Jetztzeit willenlos der Kirche und ihrer Organisation gegenüber die Segel streichen? Soll er sich seine Gesetze von ihr dictiren lassen?

Gewiß nicht; staatliche Organisation und religiöse sind verschieden; nothwendig ist es, daß die Hauptgesichtspunkte beider nach verschiedenen Richtungen hin liegen, ebenso nothwendig ist es aber, daß die eine von der andern nicht unterjocht und zerstört wird.

Die Frage, wie nun in einem constitutionellen Staate das Verhältniß zur Kirche sich gestalten soll, ein Verhältniß, das fortlaufende Conflicte vermeidet, ist bereits beantwortet.

Es ist die Anerkennung des Grundsatzes, daß staatliche Gewalt und religiöses Gefühl in seiner äußerlichen Gestaltung als Kirche, zwei Organismen des heutigen Lebens sind, die nebeneinander, nicht in Verbindung miteinander existiren dürfen. Jede Unterordnung der Kirche unter den Staat beraubt letzteren dieses wichtigen Regulators im socialen Leben, und jeder Sieg, den der Staat nach dieser Richtung hin erringen sollte, wäre ein Pyrrhus-Sieg. Daß Hochmuth und Herrschsucht in der Priesterschaft eines jeden Glaubensbekenntnisses sich ausbreiten, und (wie bei anderen

---

*) Denn „de par le roi: défense à Dieu, de faire miracle en ce lieu" ist schwer durchzuführen.

Berufsklassen) zur Herrschaft gelangen können, ist unbestritten. Die Ablösung von staatlicher Gewalt giebt aber gerade die einzige Bürgschaft, daß derartige Eigenschaften nur die Priesterschaft selbst, nicht das Laienelement treffen. Macht muß daher auch der katholischen Kirche vom Staate aus zugebilligt werden, ein Mißbrauch der Macht, d. h. ein Eingreifen in staatliche Lebensfragen, wie die des Eigenthums, der Familie, der nationalen Unabhängigkeit, müssen mit allen Mitteln rücksichtslos bekämpft werden, aber gerade der katholischen Kirche gegenüber, einer Kirche, die mit politischen, d. h. mit realen Factoren zu rechnen weiß, liegt die Gefahr eines derartig gebotenen Kampfes in der Ferne.

Daß für Deutschland in seiner Neugestaltung, mit seinen verschiedenen Confessionen, von denen eben nur die eine eine wahrhafte Macht bedeutet, während die andere geschwächt darniederliegt, die Abgrenzung des Rechtsgebietes der Religionsgesellschaften oft mit großen Schwierigkeiten zu kämpfen haben kann, ist mehr als wahrscheinlich. Die Ueberwindung derartiger Schwierigkeiten, die Herstellung religiösen Friedens, gehört daher, ebenso wie des politischen, in das Gebiet der Staatskunst.

Siebentes Kapitel.

Agrarische Bestrebungen.

Es ist eine immerhin eigenthümliche Erscheinung, daß in einem Jahrhundert, welches die Bildung, das Wissen als oberste Staatsforderung aufstellte, daß bei einem Volke, welches der Erziehung, dem Lehrfache die besten Kräfte widmete, welches einen großen Theil seiner arbeitenden Klassen mit den schwersten Lasten überbürdete, nur um dieser Forderung gerecht zu werden, daß gerade in diesem Jahrhunderte, daß gerade in Deutschland eine arge Unkenntniß der thatsächlichen Verhältnisse des eigenen Landes sich ausbreiten und in den gebildeten Schichten Platz greifen konnte. Mit dem Eintritte Deutschlands in den Weltmarkt, mit den plötzlich neuen Gesichtskreisen, trübte sich auch der Blick für das Nächstliegende, für die eigene Produktion, für die verschiedenen Fundamentalbedingungen unserer wirthschaftlichen Existenz. Das Alterthum, die entferntesten Länder fremder Welttheile, wurden nach und nach den herrschenden Kreisen bekannter, als das heimische Dorf. Vom Fenster des Eisenbahn=Coupé erforderte nur noch das landschaftliche Bild eine Kritik, die wirthschaftlichen Bedürfnisse von zwei Dritttheilen unseres Volkes traten nur, gefärbt durch die Tendenz der politischen Tagespresse, von Zeit zu Zeit an das Licht der Oeffentlichkeit, d. h. wurden der in den Städten wohnenden Intelligenz mehr oder minder bekannt.

Die Gründe, die gerade für Deutschland ein so trauriges Resultat herbeiführten, sind sowohl allgemeiner als specifisch heimischer Natur. Je weitere Gebiete die Wissenschaft umfaßte, je specieller die Kenntnisse in den einzelnen Fächern derselben sich

gestalteten, um so schwieriger ward es für den Einzelnen, die verschiedenen Materien harmonisch in sich zu vereinen, um so leichter
mußte er den Ueberblick über das Ganze verlieren, indem er sich
dem Studium eines bestimmten Zweiges des menschlichen Wissens
widmete. Wie die produktive Thätigkeit in der Theilung der Arbeit
ihre größten Resultate erzielte, so konnte auch nur noch die Theilung
der geistigen Arbeit das Niveau des gesteigerten Wissens behaupten.

Es ist dies eine Thatsache, die sich bei den gebildeten Ständen
ganz Europa's gleichermaßen fühlbar macht. Doch wenn andere
Völker die Zustände, die ihnen schädlich sind, auch ohne sich den
Grund wissenschaftlich erklären zu können, dennoch fühlen, wenn
sie gewissermaßen durch Intuition die Mängel zu verbessern, das
Nothwendige zu erlangen streben, so ward gerade in Deutschland
(bei dem Fehlen einer geordneten Statistik) die weit verbreitete
wissenschaftliche Grundlage verbunden mit dem Mangel an realem
Formensinn, mit dem Enthusiasmus für das Neuentdeckte, Fremde,
das nun auch als das einzig Richtige aufgestellt wurde, die Ur-
sache, welche die gelehrten Augen gegen offenkundige Thatsachen
blind machte. Aller Geist, aller Scharffinn, ward angewandt,
nicht um die Sachlage zu ergründen, zu prüfen, und danach zu
wählen, sondern um die Zustände, die sich bei einem fremden
Volk als nützliche erwiesen hatten, auch für die Heimath als
segenbringend darzustellen.

Dieser slavische Geist der Bewunderung und Nachbetung des
Fremden hatte Preußen mit in die kritiklose Anwendung der liberalen Formen unserer westlichen Nachbarn hineingerissen. Der
Eintritt in den Weltmarkt zeigte, daß auch andere Arbeit, als die
für die heimischen Bedürfnisse eine Nahrungsquelle abgeben könne,
daß die Ansammlung, die Concentrirung des Kapitals diese neue
Arbeit begünstige und lohnender mache, und plötzlich sollte der
wirthschaftliche Zustand des ganzen Landes auf diese eine, gewissermaßen neu entdeckte Nahrungsquelle basirt werden. Die
Gesetze mußten die individuelle Arbeit schutzlos dem Kapitale überlassen, die Actien-, die Wucher-Freiheit wurden zur Erzeugung
der Massenproduktion für den Weltmarkt geboten. — Die landwirthschaftliche Thätigkeit, der Bauernstand, war zwar noch vorhanden — aber als nothwendig wurde er kaum noch anerkannt. —

Die Thatsache, daß der größte Theil der Einwohnerschaft von Preußen und Deutschland trotz der neuen Handelsströmungen trotz der veränderten Wirthschaftslage direkt und indirekt vom Landbau sein Leben fristet, diese Thatsache den leitenden städtischen Kreisen wieder vor Augen geführt zu haben — ist ein Verdienst der preußischen agrarischen Bewegung. Die Forderung des Schutzes für diese Hauptproduktion ist die einfache Consequenz dieser Thatsache. Daß die landbebauende Bevölkerung aber des Schutzes bedürfe, dafür spricht ihre zunehmende Verarmung, ihre Auswanderung in die Städte und nach Amerika, auch ohne jede theoretische und wissenschaftliche Begründung.

Ein jeder Schutz der Kleinindustrie, und als solche ist der landwirthschaftliche Betrieb auch in den größern Complexen anzusehen,*) steht jedoch im Widerspruche mit unserer heutigen Wirthschaftslehre und den humanistischen Forderungen, welche das Product, dessen Billigkeit, nicht aber den Producenten berücksichtigen, und somit stemmen sich die agrarischen Bewegungen direkt gegen unsere Entwickelung und bilden den zweiten bedeutsamen Angriff gegen die humanistischen Anschauungen.

Wenn diese Bewegung auch dahin ihr Streben erweiterte, das städtische Kleingewerbe, das in gleicher Weise wie die landwirthschaftliche Industrie unter der Jetztzeit zu leiden hat (und das bis auf wenige Zweige der Kunstindustrie und solcher, die den Handbetrieb stets fordern werden, allmählich auf den Aussterbeetat gesetzt wird), mit in den legitimen Widerstand gegen eine ihm feindliche Gesetzgebung hineinzuziehen, so sind diese Bestrebungen bis jetzt gescheitert. Die Massen der Stadtbewohner stehen noch allzusehr unter dem Nimbus der liberalen Phrase, und geben ihre unzufriedenen Elemente entweder an die Socialdemokratie ab, oder werden einst die einfache Reaktion unterstützen,

---

*) Die Landwirthschaft auf größern Gütern ist heutzutage allerdings zur Fabrikwirthschaft geworden, der Concentration des mobilen Kapitals gegenüber bleibt aber auch diese Fabrikwirthschaft, weil an die Scholle gebunden, die sich nicht willkürlich vergrößern läßt — Kleinindustrie. Eine Ausnahme kann nur die Weidewirthschaft machen, die bei Fortdauer unserer liberalen Wirthschaftsperiode allerdings nicht auf sich warten lassen wird.

5

welche versuchen wird, die liberale Schraube um einige Win=
dungen zurückzudrehen.

Ich wende mich daher zu unserm heimischen Landbau, und
wenn ich früher schon sagte, die liberale Entwickelung schiede die
städtischen Interessen von denen des Ackerbau treibenden Landes,
so tritt dies auch in Deutschland, auch in Preußen deutlich zu
Tage. In unserer Heimath blieben selbst die liberalen Formen,
die für Staats= und Stadteinrichtungen herrschend wurden, dem
Lande fremd, und stellten nur äußerlich ihre Forderungen an
dasselbe, was nach jeder Richtung hin schiefe Zustände erzeugen
mußte.

Betrachten wir aber erst die allgemeinen Wirkungen, welche
der Uebergang des Feudalismus zur neuen Zeit auf den Acker=
bau ausüben mußte. Die absolute Herrschaft war zum großen
Theil nur ein Vorbereitungsstadium für letztere.

Der Hauptunterschied, der die feudale Periode von der Jetzt=
zeit scheidet, besteht in dem völligen Mangel der Großindustrie,
der Fabrikwirthschaft auf Gutscomplexen. Der getheilte Besitz,
der rechtliche des Feudalherrn, der faktische des Bauern, war die
Grundlage der Kleinindustrie für Erzeugung von Nahrungs= und
Nothdurftsmitteln.

Die hierdurch bewirkte Gesammtproduktion an landwirth=
schaftlichen Erzeugnissen stand der heutigen zweifellos nach, immer=
hin mußte sie aber eine sehr erhebliche gewesen sein, da in vielen
Gegenden Deutschlands die bebaute Ackerfläche eine größere war
als heutzutage, das ernährte Vieh ein zahlreicheres,*) und die
seßhafte Landbevölkerung (z. B. in den Marken und Ost=Preußen)
eine dichtere, als sie die jetzige Großwirthschaft erlaubt.

Der Abzug der Produkte nach Stadt und Ausland war, wie
die vielfach getheilte Oberherrschaft und der Mangel schneller
Communikation bedingte, ein geringer, da sich die Stadt der Frucht=
barkeit des umliegenden Landes in ihrer Größe anpaßte, und der
Ueberschuß dem Lande verblieb. An Kapitalbesitz nach unseren

---

*) Es haben sich hierüber (besonders in Thüringen) noch recht genaue Auf=
zeichnungen erhalten.

Begriffen war darum der Bauer vielleicht*) ärmer, an Lebens-
Nahrung und Nothdurft, wenn der Tauschwerth derselben auch
gering, reicher als jetzt.

Der 30jährige Krieg, nachdem schon früher das feudale Band
durch Schuld von Unten und Oben sich gelockert hatte, bildet den
Wendepunkt dieses Zustandes, der, mochte er auch manche Härten
mit sich führen, keineswegs diese Härten als Signatur der Zeit
und Regel aufzustellen uns erlaubt. Vielmehr erscheint mir die
gegenseitige Verpflichtung, die dadurch erzeugte sociale Sicherheit
als das beste Bindemittel, welches die Interessen gleichförmig und
die wirthschaftliche Gestaltung in einem größtentheils Ackerbau
treibenden Lande gesund und fruchtbar machen kann. Daß diese
gegenseitige Verpflichtung heutzutage auf derselben Grundlage
nicht mehr denkbar ist, habe ich schon erwähnt.

Es folgt jetzt die Zeit des Kampfes zwischen den Resten des
Feudalismus auf dem Lande und der absoluten Monarchie. Erstere, zu tief im Volksleben eingewurzelt, überdauerten den Absolutismus und mußten in Deutschland und Preußen erst der siegreichen liberalen Idee sich unterwerfen. Da ich klare, principielle
Zustände den gemischten vorziehe, so kann ich dies für ein Unglück
nicht ansehen. Es finden sich innerhalb der Consequenzen einer
jeden Idee stets geeignetere Bekämpfungsmittel, falls sie direkt
schadenbringend für ganze Klassen und die Interessen derselben
sich erweist, als außerhalb derselben.

Wir kommen jetzt zur Beantwortung der Frage, welches die
natürlichen Folgen der liberalen Periode auf unsern Ackerbau sein
mußten, und wiederhole ich, daß Boden und Klima unserer norddeutschen Ebene nur zum kleinen Theile der landwirthschaftlichen
Industrie durchaus günstig sind, was für die Thäler des
süddeutschen Hügellandes fast durchgängig der Fall ist. Thäler
begünstigen stets den landwirthschaftlichen Kleinbetrieb, der im
Hackfruchtbau seine sichere Grundlage findet. Für die norddeutsche
Ebene hatte schon der große Friedrich durch die Einführung der

---

*) Predigten gegen den „Hofenteufel" dürften sich trotzdem in den meisten
preußischen Provinzen jetzt als überflüssig erweisen. Der Schnapsteufel ist sein
entarteter Nachkomme.

Kartoffel der Aufsaugung des kleinen Besitzes einen Damm ent=
gegenzusetzen gestrebt.*)

Und dies war für Preußen eine Nothwendigkeit, denn Wirth=
schaftslehre und das Vorwiegen der kaufmännischen Interessen be=
dingen im modernen Staate gleichmäßig die ländliche Fabrikwirth=
schaft, für die Klima und Boden der norddeutschen Ebene ohnehin
schon inkliniren.

Die erste Wirkung großer neuangelegter Communikations=
straßen (wie Eisenbahnen 2c.) mit ihrem Gefolge moderner Ein=
richtungen, ist zunächst eine Verschiebung der Werthverhältnisse.

War im Feudalstaate, der sich gegen außen abschloß, der
Austausch zwischen Stadt und Land ein innerhalb weniger Meilen
geregelter, so gehören die ländlichen Produkte jetzt dem Weltmarkte
an, und sind die allgemeinen Conjunkturen für den Preis der=
selben maßgebend.

Der Westen, die Consumtionsländer, geben daher für Europa
den Ausschlag, der Osten, die Produktionsländer, müssen im
Netto=Erträgniß bei der landwirthschaftlichen Industrie hinter
ihnen zurückstehen.

Zum Nachtheile des Ostens tritt noch hinzu, daß Arbeits=
markt und Produktenmarkt sich nicht decken, d. h. daß der Tausch=
werth der Arbeit und des Arbeitswerkzeuges (Inventar, Wirth=
schaftsgebäude vor Allem sind als solche anzusehen) im Osten
keinesfalls in demselben Verhältniß ein geringerer ist, als der
Werth des Produktes.

Aus dieser Conjunktur folgt ferner eine übermäßige Entwer=
thung für alle diejenigen Böden, die bei fast demselben Geldauf=
wande an Bearbeitungskosten ein geringeres Brutto=Ergebniß ver=
sprechen. Der Netto=Gewinn ist nicht mehr ein bestimmter Theil
des Brutto=Ertrages, wie bei reiner Naturalwirthschaft, sondern
die Differenz zwischen Brutto=Ertrag und Wirthschaftsausgabe. —
Es folgt endlich die höhere Rente, welche die Großwirthschaft
gegenüber dem Kleinbetrieb dem Boden abzugewinnen ermöglicht.

Arbeitstheilung und Maschinenbetrieb müssen naturgemäßer
Weise der Selbstthätigkeit den Rang abgewinnen, sobald die Land=

---

*) nutrimentum Borussiae spiritus.

wirthschaft, wie jedes andere Gewerbe, kaufmännisch betrieben wer=
den muß, und der kaufmännische Betrieb ist schon benöthigt, wenn
Conjunkturen, die oft weit von unserer Heimath entstehen und
schwinden, die Rentabilität des heimischen Gewerbes bedingen.

Die Wirkungen der Neuzeit auf diejenigen Gegenden, welche
durch ihre lokale Natur den Großbetrieb ausschließen, oder in
welchen er sich (als unrentables kaufmännisches Geschäft) bereits
abgewirthschaftet hat, sind die allgemeinen, wie ich sie im vorigen
Kapitel beschrieben habe, und welche die kleine Produktion der
Concurrenzfähigkeit mit dem Handel beraubten.

Das Uebergehen des rechtlichen Besitzes von Grund und
Boden auf städtische Elemente, ein allmähliches Verschwinden des
selbständigen Bauern und die Umwandlung desselben zum Pächter,
der endlich nur als Lohnarbeiter anzusehen ist, sind nothwendige
Folgen. England, Italien, Südspanien haben diese Verhältnisse
bereits ausgebildet. In Deutschland ist meist erst der Anfang,
der durch Verschuldung des Besitzes sich einleitet, zu bemerken.

Einen wenn auch geringen Ersatz gewährt die städtische In=
dustrie selber, die um ihre Knotenpunkte einen Kreis von Garten=
kultur zieht, der dem Kleingewerbe anheimfällt.

So sind die allgemeinen Consequenzen der neuen Zeit hin=
sichtlich der Landwirthschaft einerseits die, daß letztere überhaupt
eine Industrie geworden ist, welche die Sicherheit vergangener
Zeiten vermissen läßt, die bei der Geldwirthschaft auch die Chancen
und Conjunkturen kaufmännischer Spekulation mit sich bringt,
ohne die Beweglichkeit jener Spekulation und die Möglichkeit, den
Verhältnissen schnell Rechnung zu tragen, zu besitzen. Andererseits
muß innerhalb dieser wenig günstigen Conjunktur die größere
Widerstandsfähigkeit der reinen Industriewirthschaft gegenüber
dem selbständigen kleinen Besitz zugesprochen werden.

————

Ich will jetzt speciell preußische Verhältnisse besprechen und
muß wieder historisch an früher Gesagtes anknüpfen. Ein Zurück=
greifen auf die allgemeinen Gesichtspunkte, von denen ich ausge-
gangen bin, wird nur ausnahmsweise nothwendig sein.

Die Trennung der Verwaltung in den östlichen Provinzen Preußens von der Justiz, wie sie durch Aufhebung der Patri= monialgerichtsbarkeit auf dem Lande eintrat, bildet den eigentlichen Beschluß für die aus feudaler Zeit überkommenen ländlichen Ein= richtungen. Daß dieser Patrimonialgerichtsbarkeit neben der staat= lichen Entwickelung, wie sie die letzten Jahrhunderte mit sich ge= bracht, keine Existenzberechtigung mehr zustand, ist ebenso unläug= bar, wie die nach jeder Richtu..g hin Mißstände hervorrufende Anarchie, welche derselben folgte. Weder eine Bureaukratie, wie sie in Frankreich consequent durchgeführt, noch eine Selbstverwal= tung, wie sie England und die Schweiz (theilweise selbst Ruß= land) besitzt, trat an die Stelle jener feudalen Einrichtung, son= dern ein in den Kreisstädten concentrirtes Gerichtswesen wurde für ausreichend erachtet, um das auf persönlicher Anschauung und Kenntniß der Sache basirte Patrimonialgerichtsverfahren zu ersetzen.

Trotz dieser grundsätzlichen Aenderung glaubte man die den sogenannten Rittergütern zustehenden Polizeiverwaltungen belassen zu können, ein Institut, das von den Gerichten faktisch kaum noch anerkannt wurde, dem die höheren Verwaltungszweige selbst jede Unabhängigkeit zu benehmen suchten, und das auf allen Seiten mit derartigen Schwierigkeiten umgeben war, daß diese Polizei wirklich zu funktioniren aufgehört hatte, lange bevor ihr durch die neue Kreisordnung der rechtliche Boden entzogen wurde.

Ein derartiger Zustand konnte nur degravirend auf eine Landbevölkerung wirken, die, oft meilenweit von der Kreisstadt entfernt, die gesetzliche Grundlage im Alltagsleben vermissen mußte, und in der dadurch die schlechten Elemente nothgedrungen an die Oberfläche kamen. Daß dies nicht in höherem Grade ge= schehen, zeugt für einen gesunden Sinn und ein starkes Rechtsgefühl.

Ein derartiger Zustand erzeugte und rechtfertigte aber auch den Zwiespalt, der sich allmählich zwischen Verwaltungs= und richterlichen Behörden entwickelte, und der seine Signatur in der Fehde zwischen Landrath und Kreisrichter fand, wie sie bis vor wenigen Jahren fast unausgesetzt bestand.

Die Mängel der richterlichen Allgewalt über Dinge und Verhältnisse, die ihr materiell und geistig fern lagen — Mängel,

die auf dem Lande am fühlbarsten hervortraten, suchte die Ver=
waltung dadurch zu paralysiren, daß sie ihren Wirkungskreis ver=
größerte, daß sie durch einseitiges Eingreifen den thatsächlichen
Verhältnissen Rechnung trug. Jede einseitige Regelung ist aber
gleichbedeutend mit Willkür, auch wenn sie in der besten Absicht
ausgeführt wird — und diese Correktur der richterlichen Gewalt
durch Willkür konnte nur wenig zur Besserung der Lage bei=
tragen. — Die Halbheit der preußischen Gesetzgebung des 19. Jahr=
hunderts, die selten auf einem klar durchgeführten Principe, meist
auf augenblicklichen Bedürfnissen und Rücksichten aller Art be=
ruht, verschlechterte außerdem fast stets die ländlichen Verhältnisse
unserer Heimath, anstatt ihnen Erleichterung zu bringen.

Eine Grundsteuerregulirung, ein neu durchgeführtes Kataster,
dessen Kosten das Land allein zu tragen hatte, erfüllte nur den
einen Zweck der Steuererhöhung, da dem Kataster selbst keinerlei
richterliche Glaubwürdigkeit beigelegt wurde. *) Der hauptsächliche
Nutzen eines jeden Katasters, derjenige der Rechtssicherheit im
Besitze, ging dadurch verloren.

Die Ablösungen der verschiedenen Gerechtsame zwischen den
früheren Feudalherren und den ihnen pflichtigen Bauern hatten
nur in den seltensten Fällen eine Arrondirung, eine Commassation
der Grundstücke, und hiermit ihre erleichterte Bewirthschaftung im
Auge, und fast stets mußten sie irgend welche, wenn auch nur
nebensächliche Punkte **) ungelöst zu lassen, wodurch fortlaufende
Streitigkeiten noch heutzutage erzeugt werden.

Am deutlichsten aber trat diese Halbheit gegenüber der länd=
lichen Gemeindeverfassung bei der Schule und der Wege=Praxis
zu Tage.

Die Stein'schen Reformen hatten sich auf die Städte be=
schränkt. Das Unterthanenverhältniß der Landbevölkerung war
durch die eben erwähnten Ablösungen allmählich in das des freien
Besitzers übergegangen, und die Bewohner einer größeren oder
kleineren ländlichen Ortschaft fanden sich plötzlich zu einer Gemeinde
constituirt, an die jetzt der Staat Anforderungen aller Art stellte.

---

*) Welche es allerdings durch seine Ungenauigkeit auch nicht verdiente.
**) Lehm= und Sandgerechtigkeiten u. dgl.

Ein Gegengewicht gegen diese Anforderungen zu schaffen
wurde verabsäumt. Weder auf büreaukratischem Wege suchte man
durch genaue Abgrenzungen der Rechte, Pflichten und Leistungen,
den einzelnen Staatsbürger vor Ueberbürdung zu schützen, noch
auf dem Wege der Selbstverwaltung, durch Ueberlassung aller
der Anforderungen, die sich nicht als reine und dringende Staats=
leistungen qualificiren, zur Beurtheilung und Ausführung an die
Gemeinden selbst. Verschlimmert wurde dies Zwitterverhältniß
noch durch den Mangel einer wirklichen Statistik und durch die
Entfremdung der kaufmännischen von den ländlichen Interessen
im Allgemeinen.

Der Staat stellte also seine Forderungen. Wie die einzelnen
Gemeindekörper damit fertig werden konnten, ob sie über den=
selben hinsiechen oder auch ganz zu Grunde gehen mußten —
war ihre Sache. Die provinziellen Hülfsinstitute und die in
einzelnen Fällen geleisteten Staatszuschüsse waren von keiner Be=
deutung.

Die Finanzlage des Staates wußte und weiß heute noch
nichts von denen der Communalverwaltungen, obgleich die immer
stärker anschwellenden Ausgabeetats zum größten Theile den reinen
Staatsforderungen zur Last fallen. Hierin liegt ein Hauptmo=
ment, das den preußischen Nationalwohlstand schädigt und die
Concentration in den Großstädten beschleunigt.

Als Staatsforderungen an die Commune bezeichne ich die=
jenigen, welche der Staat im Interesse der Allgemeinheit stellt,
deren Lasten er aber nicht von dieser Allgemeinheit, sondern von
der einzelnen Commune tragen läßt.

Begleiten wir den Einwohner einer ländlichen Ortschaft auf
seinem Lebenswege von der Wiege bis zum Grabe. In Freud
und Leid erzogen, erreicht er das 6. Lebensjahr und wird schul=
pflichtig. Betrachten wir daher die Elementarschule und den
obligatorischen Unterricht als Staatsforderung zuerst.

Bildung ist eine Waffe mehr im Kampfe um das Dasein,
sie lehrt die physische Kraft, die geistigen Anlagen nutzbringend
(d. h. heutzutage geldbringend) verwerthen. Bildung giebt durch
die Kenntnißnahme von entgegenstehenden Ansichten, vom Ent=
wicklungsgange der Menschheit, von der uns umgebenden orga-

nischen und unorganischen Natur, dem Einzelnen die moralische
Kraft, dem Wohle der Gesammtheit zu dienen, und sein Leben
auch für seine Nebenmenschen vortheilhaft zu gestalten. —
Kann aber eine solche Bildung von der Elementarschule ge=
geben werden? Kann sie Kindern gegeben werden, die mitten in
der Noth des Daseins stehen, und für welche die erste Bedingung
die Herbeischaffung des täglichen Brotes bleibt? —

Ich antworte mit „Nein." — Was ihnen die Elementar=
schule bieten kann, ist die Erlernung derjenigen Fertigkeiten, welche
die heutige Staatsentwickelung in Preußen (unnöthiger Weise)
als Grundlage des socialen Lebens aufgestellt hat, ohne welche
sie recht- und schutzlos dastehen, und diese Fertigkeiten sind eben
nur die wirklichen Elementarbedürfnisse der Bildung — Lesen,
Schreiben, Rechnen — alle anderen halb-wissenschaftlichen Ma=
terien sind für die Durchschnittszahl der Elementarschüler nur
wesenloser Plunder.

Will Jemand in Erlernung dieser Fertigkeiten durchaus ein
moralisches Element sehen, so ist es für ein begabtes Kind die
Hoffnung, die heutige Machtstaffel mit ihnen zu erklimmen —
die Möglichkeit, Geld zu verdienen, reich zu werden — es wäre
dies der Marschallstab, der im Tornister des französischen Sol=
daten liegen soll.

So lange daher die Allgemeinheit, der Staat, die Erlernung
obiger Fertigkeiten für nützlich und nothwendig erachtet, so lange
muß die Unterweisung in denselben obligatorisch sein, und hat sich
der Einzelne dem Zwange zu unterwerfen; so lange muß aber
auch die Allgemeinheit, der Staat, die Kosten und Lasten der=
selben tragen und kann sie nicht einer als Schulgemeinde consti=
tuirten Genossenschaft aufbürden, der je nach ihrer Größe und
Leistungsfähigkeit hier mäßige, dort unerträgliche Lasten daraus
erwachsen. Der Grundsatz, daß der fordernde Theil auch der
zahlende sein muß, darf nie unberücksichtigt bleiben. — In Preußen
wird der Schullehrer vom Patron ernannt, trotzdem ist er kein
feudaler Beamter, denn mit der Ernennung ist der Einfluß des
Patrons auf ihn beendet — er wird von der Schulgemeinde be=
zahlt, trotzdem ist er kein communaler Beamter — der Staat be=
stimmt, welches Gehalt, welche Stellung er einzunehmen hat;

trotzdem ist er kein reiner Staatsbeamter. Diese unklaren Verhältnisse bedingen Mißstände aller Art; dieser Unklarheit ist es
z. B. zuzuschreiben, daß in den armen Gemeinden Oberschlesiens,
während die Milliarden dem Lande zuflossen, die Schulsteuern
für die kleinen Besitzer vielfach verdoppelt wurden.

Wenn nun außerdem die Schule in einen Gegensatz zur Kirche
gebracht wird, wenn aus politischen Gründen der Schullehrer dem
Geistlichen feindlich gegenüber steht — dann halte ich Volksschule
und obligatorischen Unterricht für ein nationales Unglück.

Meine Ansichten über die Volksschule resümiren sich daher
dahin, daß ich die Hauptaufgabe der Schule überhaupt in der
Pflege des menschlichen Idealismus sehe; bei der höheren Schule,
dem Gymnasium, der Universität, in der des wissenschaftlichen, bei
der Elementarschule des religiösen (ohne letzteren von der höheren
Schule auszuschließen). — Da aber die Zeitrichtung unseres Jahrhunderts ohnehin schon den materiellen Gewinn als Lebensziel
hinstellt, da sie es nicht versteht, mit den verschiedenen Religionsgenossenschaften sich in's Einvernehmen zu setzen, und den religiösen
Forderungen feindlich gegenüber tritt, so kann ich an ein harmo-
nisches Zusammenwirken des staatlichen Einflusses mit den verschiedenen Religionsgenossenschaften innerhalb der Schule nicht
mehr glauben. Es bleibt dann nur die Staatsschule ohne Religionsunterricht oder die Aufhebung des Schulzwanges überhaupt
übrig. — Daß in letzterem Falle, falls die Schule als interne
Gemeindeangelegenheit betrachtet würde, die allgemeine Bildung
besonders im südlichen und westlichen Deutschland leiden würde,
wäre kaum zu befürchten.*) Diejenige Gemeinde, welche ihren
Kindern eine bessere Erziehung angedeihen lassen will, als das
elterliche Haus ihnen gewähren kann, — wohl fast sämmtliche
Gemeinden — würden eine ihren Mitteln entsprechende Unterrichts-
anstalt einrichten. Der religiöse Idealismus würde ohne jedes
äußere Zuthun seinen berechtigten Einfluß auf eine derartige Ge-
meindeschule ausüben, schon da er die größte Aufopferungsfähigkeit

---

*) Im östlichen allerdings, und wäre dort demnach die Staatsschule ohne
Religionsunterricht vorzuziehen.

besitzt und am wohlfeilsten die Erlernung der elementaren Fertig=
keiten den Kindern wird bieten können.

Es war überhaupt ein naiver Wunderglaube, welchem die
Anhänger der Humanitätslehre in mehr als einem Fache huldigten,
daß Bildung, daß Bekanntschaft mit den Wissenschaften die Völker
allmählig zu immer festeren Anhängern der liberalen Lehren um=
gestalten würde. Es stellte dieser Glaube ja den Predigern der=
selben das Zeugniß aus, daß sie ehrlich an die Nützlichkeit, an
die allgemeine Anwendbarkeit ihrer Lehren selber glaubten. Sobald
aber die Thatsachen diese Nützlichkeit dementirten, so mußte ge=
rade diese Bildung, wenn sie auch nur oberflächliches Halbwissen
erzeugt hatte, zur Waffe in der Hand der benachtheiligten Klassen
werden, eine Waffe, die wir die Socialisten Deutschlands aus=
giebig benutzen sehen.

———

Doch verfolgen wir den Lebenslauf jenes preußischen Dorf=
bewohners weiter.

Mit 14 Jahren wird der Knabe den Eltern wiedergegeben,
die jetzt durch seine Arbeit einen Theil ihrer Erziehungskosten
zurückerstattet erhalten. Der Knabe erreicht das 20. Lebensjahr
und wird als dienstpflichtig unter die Fahnen berufen.

Es ist dies die zweite gewichtige Staatsforderung.

Wollte ich meine Anschauungen über die allgemeine Dienst=
pflicht, vom militärischen, politischen, socialen und nationalökono=
mischen Gesichtspunkte aus näher erörtern, so würde dies den
Zweck dieser Schrift überschreiten. Es genügt, wenn ich für
Preußen, dessen deutscher Beruf, dessen politische Lebensaufgabe
die Verwirklichung des nationalen Idealismus gewesen ist, diese
allgemeine Dienstpflicht als eine Nothwendigkeit anerkenne. Für
Deutschland, sobald es wahrhaft geeinigt, erschiene es mir von
jedem der obigen Gesichtspunkte aus als ein Fehler, wenn es in
dieselben Fußtapfen treten wollte.

Eine Berufsarmee in geringer Kopfzahl, welche die Special=
waffen vollständig in sich vereinte, und die zugleich die cadres
für die neben ihr bestehende Landwehr oder Miliz abgäbe, halte

ich für die Zwecke, die ein geeinigtes Deutschland mit seiner Armee
zu verfolgen hat, und für die zukünftige Gestaltung dieser Armee
am geeignetsten..

Doch der junge Bauer hat seine Dienstpflicht absolvirt und
sucht jetzt mit Pflug und Sense sich und einer zukünftigen Familie
den Unterhalt zu schaffen. Er steht dabei unter den allgemeinen
wenig günstigen Conjunkturen, die ich früher besprochen; betrachten
wir daher noch eine speciell für Preußen bestehende nachtheilige
Einrichtung. Wenn ich dabei über die Wege, die Verkehrsstraßen
sprechen will, so kann es vielleicht außen Stehenden erscheinen,
als ob dies ein nebensächliches Moment, als ob die mit ihnen
verbundenen Lasten nicht von eingreifender Natur für die ländlichen Verhältnisse wären. Dem ist jedoch nicht so, und ist es
gerade hier, wo die allmählig verschobenen Interessen am deutlichsten
zu Tage treten.

In der früheren ländlichen Verfassung der östlichen Provinzen
Preußens, in der an feudale Einrichtungen sich anlehnenden Kreisordnung, nahm das ritterschaftliche Element (der Großgrundbesitz)
den ersten Platz ein. Wie schon früher gesagt, hatte die Großwirthschaft durch die zwingende Gewalt der socialen Neugestaltung
sich dem kaufmännischen Betriebe genähert, und wurde allmählig
mehr und mehr zu einem derartigen Gewerbe umgewandelt. Hiermit war jedoch auch die Divergenz der Interessen ausgesprochen,
die den Groß- vom Kleingrundbesitze scheidet.

Beim ersteren überwiegen die rein kaufmännischen Gesichtspunkte, sowohl in der Verwaltung, bei welcher intensive Kultur,
das heißt Massenproduktion durch Zuführung äußerer Hilfsmittel,
Fabrikbetrieb zur Unterstützung dieser Kultur, allmählig nothwendige
Vorbedingungen werden, als auch in den allgemeinen Zwecken,
die den Grundbesitz hauptsächlich als Vermögensobjekt erscheinen
lassen. Nicht mehr die dauernde Rente bildet das alleinige Ziel,
welches die Verwaltung eines Gutes zu erstreben hat, sondern
die äußere Annehmlichkeit des Besitzes, die Leichtigkeit des ge-
selligen Verkehrs und sonstige Vorzüge, welche weniger den Renten-,
als den Verkaufswerth des Gutes erhöhen.

Es giebt Kreise in Preußen, in denen innerhalb eines Jahr-
zehnts der gesammte Großgrundbesitz in andere Hände übergeht.
Der Kleingrundbesitz, der Bauernstand hat dem entgegen als
alleinigen Zweck noch die Nahrungsstelle, den Broterwerb durch
eigene Handarbeit im Auge. Diese Nahrungsstelle erbt vom
Vater auf den Sohn, und sind bei ihr nur rein praktische Zwecke
maßgebend.

Es wäre eine Verleumdung, wenn Jemand der früheren ländlichen
Interessen-Vertretung in den östlichen Provinzen Preußens den
Vorwurf wissentlicher Ausnutzung ihrer Macht für egoistische Zwecke
machen wollte; trotzdem ist es nicht in Abrede zu stellen, daß
die durch die ritterschaftlichen Vertretungen geschaffenen Verschul-
dungen vieler Kreise, zur Anlage von Kunststraßen aller Art und
ähnlicher Unternehmungen, dem Bauer für die dauernde Belastung,
die er mit hat übernehmen müssen, nur wenig Nutzen gebracht
haben, zumal sein Frachtenverkehr nur ein geringer, und er sich
nicht in der durch die allgemeinen Verhältnisse bevorzugteren Lage
seiner westlichen Berufsgenossen befindet.

Da nun auch bezüglich der Wege die ländliche Gesetzgebung
Preußens der übrigen nicht gefolgt war*), und Bestimmungen
aus dem vergangenen Jahrhundert, die in keiner Weise auf jetzige
Verhältnisse passen, noch in Anwendung bringt, und die z. B.
dem Adjacenten die Last der Wegeunterhaltung allein aufbürden,
so wurde bei der halben und halb-büreaukratischen Verwaltung
einseitigen Anschauungen und damit der Willkür freier Spielraum
gelassen.

Die neue Kreisordnung, die seit Kurzem zu funktioniren begonnen, hat hierin sowohl, wie in manchem andern Punkte, den
Weg zur Herstellung gesunder Zustände aufgesucht.

Diese neue Ordnung beruhte im Principe auf der Selbstverwaltung, die sie als Gegengewicht gegen die den ländlichen Interessen immer mehr entfremdete Büreaukratie aufzustellen bestrebt war.
Sie suchte ihre faktische Grundlage in den Besitzverhältnissen, wie
sie sind, denen sie eine möglichst gleichmäßige Vertretung ange-

---

*) Hoffentlich ist durch die neue Wegeordnung beim Erscheinen dieser
Schrift diesem Uebelstande schon gründlich abgeholfen.

deihen läßt. Diese Vorzüge der neuen, gegenüber der allmählig unhaltbar gewordenen alten Kreisordnung, sind unbestreitbar. Ihre Schattenseiten sind trotzdem derart in's Auge fallend, daß sie in nicht allzulanger Zeit gerade in Mitten der Betheiligten und anscheinend Begünstigten Unzufriedenheit und Mißmuth erregen werden.

Ihr Kardinalfehler war die Verlegung des Schwerpunktes der Reform in den Kreis, anstatt in die Gemeinde.

Hatte Preußen ein halbes und halb=büreaukratisches Regiment, das durch eine radikale Reform auf einmal nicht zu beseitigen war, und dessen Forderungen an die Gemeinde von der Allge= meinheit noch als nöthig und nützlich anerkannt wurden, so wäre es die Hauptbedingung einer ländlichen Reform gewesen, zuerst eine lebensfähige Gemeinde zu schaffen, und diese dann zum Mittel= punkte des kommunalen Lebens zu machen. Hiermit wäre der Grund zu einer allmähligen Umgestaltung im Sinne einer wirklichen (nicht blos scheinbaren) Selbstverwaltung gelegt worden.

Die zuerst projektirte große „Sammtgemeinde", in welche sich die heute bestehende „Historische"*) am leichtesten eingefügt hätte, und die im Stande gewesen wäre, den Anforderungen des Staates zu genügen, ohne ihre Mitglieder zu ruiniren, hätte einen Anhalt hierfür gegeben.

Daß die Spitze dieser Sammtgemeinde (Bürgermeister, Amts= hauptmann) eine andere Stellung einzunehmen hätte, als der heutige Amtsvorsteher, der nur einen Schreiber= und Gensd'armen= posten bekleidet, ist selbstverständlich. —

Will man eine communale Selbstverwaltung schaffen, die nicht in die Hände bezahlter Subalternbeamter allmählig übergehen, oder die zur Bedeutungslosigkeit der früheren ritterschaftlichen Po= lizeiverwaltungen herabsinken soll, so muß dieser Verwaltung nach oben hin freier Spielraum gelassen werden, wenn sie auch nach unten hin abhängiger und mit den Interessen der Einwohnerschaft enger verbunden hingestellt wird.

---

*) Der Großgrundbesitz (ein Rittergut) müßte in dasselbe Verhältniß wie die historische Gemeinde, deren Erfordernisse er in höherem Grade als die kleinen Dörfer besitzt, zu dieser Sammtgemeinde treten.

Wenn nun dieser Spitze, unter Mitwirkung kommunaler und juristischer Beigeordneter, eine friedensrichterliche Stellung gegeben würde, die, womöglich den Wust der jetzt rein richterlichen Thä-tigkeit erster Instanz theilweise lichtete, so wäre dies der zeit-gemäße Ersatz für die feudale Einrichtung der Patrimonialgerichts-barkeit, und auf breiter Basis die Wiedervereinigung der Justiz mit der Verwaltung, die nun einmal zur glücklichen Entwickelung ländlicher Verhältnisse unentbehrlich ist, die aber durch die deutsche Justizreorganisation wohl eher auf dem entgegengesetzten Wege erreicht werden dürfte. Die Gleichmäßigkeit, die sprüchwörtliche Straffheit preußischen Dienstes würde darüber zu Grunde gehen — das ist nicht zu bestreiten. Will man aber diese, so soll man keine Selbstverwaltung wollen, sondern ein rein büreau-kratisches Regiment, welches für den Einzelnen immer bequemer und angenehmer sich gestaltet, sobald es eben wirklich durchge-führt ist.*)

Daß bei Letzterem dagegen das Selbständigkeitsgefühl, die Fähigkeit zur Selbsthülfe allmählich schwinden kann, ist nicht zu läugnen. Die Ungleichmäßigkeit im communalen Leben, je nach Bedürfniß und Neigung, welche die Büreaukratie beseitigt, pflegt dann durch den Wechsel im Staatsprincip ersetzt zu werden, und statt communaler entwickeln sich die Staats-Krisen.

Wir ließen also unsern Bauern, dessen Leben wir verfolgen wollten, mitten in der communalen Misère preußischer Zustände. Das greifbarste Resultat in Folge derselben für ihn ist, daß die Communal-Steuern, wenn er in einem kleinem Dorfe leben sollte, oft den Betrag des durch die Grundsteuer abgeschätzten Reiner-trages seines Ackerareals erreichen, manchmal überschreiten, und ihn mithin zu einem Lohnarbeiter machen, selbst wenn er den Besitz unverschuldet von seinem Vater übernommen hat. — Den Fall, daß er erkranken sollte, daß er durch Unglücksfälle der Armenpflege anheimfiele, wollen wir hier nicht erst näher be-sprechen. Die Unfähigkeit der heutigen historischen Gemeinde zur Erfüllung ihrer Pflichten beantwortet ihn von selbst.

---

*) Wie z. B. in Frankreich, und wird es bei uns schließlich auch die Selbstverwaltung ersetzen müssen.

Doch unser Bauer stirbt nicht in Preußen, — er verkauft seinen Besitz — er wandert aus, nach Amerika. — Auswanderung — Amerika — veranlassen mich daher noch einmal, auf allgemeine Gesichtspunkte zurückzugreifen. — Im ersten Kapitel habe ich Idealismus und Materialismus als die beiden Hauptstützpunkte des menschlichen Lebens hingestellt. Auf die Bevölkerungszahl eines Staates angewandt heißt dies, sobald die religiöse Idee, sobald die mannichfachen Zweige des menschlichen Idealismus in einem Volke abzusterben beginnen, wird die Aufopferungsfähigkeit des Einzelnen gemindert, und drückt sich dies in einer Verminderung der Bevölkerung oder in dem Schwinden des naturgemäßen Zuwachses ebenso aus, als wenn die materielle Seite, die Produktionskraft eines Volkes, durch Mißverwaltung, durch äußeres Unglück, durch Unterbindung ihrer Lebensadern geschädigt wird.*) — Die östlichen Stämme der indogermanischen Race, von denen ich nur erwähnt, daß ihre Lebensbedingungen mehr passiver Natur seien, pflegen beim Eintreten eines dieser Fälle durch Lasterhaftigkeit oder durch apathisches Hinsterben ihre Volksmenge zu verringern, die westlichen suchen dagegen durch gewaltsame Aenderung der Verwaltungsformen oder durch Auswanderung sich diesen Zuständen zu entziehen. Von den westlichen Stämmen neigen die Romanen mehr zur Revolution, die Germanen zur Auswanderung.

Die Erscheinung, daß Millionen Deutsche innerhalb der letzten Jahrzehnte ihre Heimath verließen, beruht daher einerseits auf der Thatsache, daß der heimische Zuwachs der Bevölkerung ein derartiger war, daß ihn Deutschland nicht ernähren konnte, und ist diese Auswanderung als ein Zeugniß hoher Sittlichkeit anzuerkennen; andererseits aber darauf, daß die liberale Entwickelung, die in einseitiger Weise den Kaufmannsstand begünstigt und den Nationalwohlstand in den Händen Weniger zu vereinigen sucht, eben nur eine geringe Widerstandsfähigkeit in den Kreisen

---

*) Fleiß bringt dem Einzelnen Wohlstand, Trägheit Armuth. Einer Nation kann Fleiß in Verbindung mit einem zu gering entwickelten Materialismus auch Pauperismus bringen. Die Schweiz und Norditalien geben auf geringer Entfernung hiervon Zeugniß nach entgegengesetzter Richtung.

des Arbeiter= und Bauernstandes findet. Mit anderen Worten: daß voraussichtiges Sparen, daß kaufmännisches Rechnen und Denken, das bei jedem Nebenmenschen und bei jeder Handlung desselben die Uebervortheilung vorauszusetzen hat, und sich dem entsprechend zur Abwehr rüstet — nicht als Nationaleigenschaften der germanischen Race angehören, der deutsch=slavischen im Osten noch weniger.

Die geringste Widerstandskraft finden wir daher an den öst= lichen Grenzen unseres Vaterlandes, vor allem in der Provinz Posen, wo die slavischen Elemente überwiegen, und der kleine Besitz zusehends schwindet. Der polnische Bauer bedarf in noch höherem Grade als der deutsche des feudalen Zustandes. Er be= darf der Anlehnung an den Adligen, an den Geistlichen, an den Juden. — Adel und Geistlichkeit hat ihm die Zeit ganz oder theilweise genommen, den Juden hat sie ihm gelassen. Dieser bleibt allein an der Arbeit, und in seinen Händen wird aus dem polnischen Bauer ein slavischer Arbeiter, der heerdenweise von Unternehmern bei Bauten und sonstigen Arbeiten im Lande um= hergetrieben wird. Daß dieser, bei seiner geringer entwickelten materialistischen Seite, auch mehr wie der rein germanische sich auf hoher Bevölkerungszahl zu erhalten weiß, beweisen die ober= schlesischen Zustände, die ein Sinken des Werthes der Arbeits= kraft nicht gleich mit einer Verminderung der Bevölkerung beant= worten. *)

Der deutsche Bauer ist zäher und widerstandsfähiger. Trotz= dem muß auch er der zwingenden Gewalt unterliegen, zuerst dort, wo geringer Boden, wo zerstückelter Besitz **), wo kleine Commu= nalverbände ihn schwächen. Er sendet seine Söhne in die Centren der Industrie und wandert selbst nach Nord=Amerika, das mit

---

*) Vor einem Jahrzehnt war der Durchschnittsverdienst eines ländlichen Arbeiters in Oberschlesien ca. 5 Sgr. pro Tag (im Winter 5, im Sommer 6, die Erntetage das Doppelte, giebt abzüglich 70 Feiertagen ca. 5 Sgr.); 1872 bis 76 gegen 6—6½, seitdem ist er wieder auf etwas über 5 Sgr. zurückgegangen.

**) In allen Gegenden, wo nicht Spatenkultur oder reiner Hackfruchtbau bedingt ist, bleibt das Zweigespann und damit die Fläche von 50 bis 100 Morgen die natürliche Basis des kleinen landwirthschaftlichen Besitzes.

feinem Klima, mit seiner Natur ihm eine, der deutschen ähnliche Heimath gewähren soll.

Die Frage, ob Amerika seine Hoffnungen in Allem rechtfertigt, ob er dort einen anderen Entwickelungsgang vorfindet, der den kleinen selbständigen Producenten bevorzugt, der dem Bauer eine feste und sorgenlose Existenz sichert, soll uns jetzt zuletzt beschäftigen. Sie ist mit wenigen Worten beantwortet.

Dieselben Vorbedingungen, die in Europa die constitutionell-liberale Entwickelung bedingten und leiteten, haben in Amerika nicht nur dieselben Resultate wie im Heimathlande erzeugt, sie haben diese Resultate auch noch auf die Spitze getrieben. Das Stadium der Entwickelung, das unbewußt Vortheile und Nachtheile unter die verschiedenen Klassen der Gesellschaft vertheilt, ist hier längst überschritten. Mit vollem Bewußtsein arbeitet die constitutionelle Maschinerie zum Nutzen des Kaufmannsstandes, und für das sich eng anschließende Fabrikantenthum, sowohl durch einseitige Schutzzölle, als durch Monopole aller Art. Die abzugebenden Voten in den gesetzgebenden Versammlungen selbst werden Objekt von Kaufverträgen, und dies in einer Ausdehnung und mit einer Oeffentlichkeit, daß sich die auf Anstand und Ehre haltenden Mitglieder aller Gesellschaftsklassen der politischen Thätigkeit als eines nicht ehrenhaften Gewerbes seit lange schon enthalten.

Und trotzdem wird noch für ein Jahrhundert hinaus und länger Nordamerika, und mit vollem Rechte, seine Anziehungskraft für den deutschen Bauern ausüben; denn erstens ist er im Alltagsleben durch die Autonomie der Gemeinde vor plötzlichen und gewaltsamen Eingriffen in seine Rechte geschützt, und zweitens fühlt er die Belastung, die sein selbständiges Gewerbe trifft, nur in geringem Maße, und wird aus einem schlecht bezahlten Lohnarbeiter, als welcher er Europa verlassen, mindestens ein gut bezahlter. Der Grund hiervon, und der überhaupt Nordamerika jede, auch die schlechteste Regierung ohne zu große Schädigung seiner materiellen Prosperität ertragen lassen würde, ist ein rein elementarer. Ein Land, das vermöge seiner eigenen elementaren Hülfsquellen eine Bevölkerung von vielen hundert Millionen Menschen ernähren könnte, und heute noch kein halbes Hundert beherbergt, muß jede wirkliche Arbeit reichlich belohnen. Die Produktionskosten werden hier von der Natur zum großen Theile noch allein bestritten, und überläßt diese die Ernte der Produkte dem Menschen für seine Arbeit. *)

Daß die Landwirthschaft im Allgemeinen, daß der kleine Besitz insonderheit unter der Herrschaft des Liberalismus leidet, erscheint mir nach dem bisher Gesagten unbestreitbar. In ähnlicher Weise, wie das Handwerk in den Städten, wenn auch nicht in so fortgeschrittener Weise, ist der Verfall des deutschen Landbau's schon jetzt bemerkbar. Trachten wir danach, so lange es noch Zeit ist, so lange die liberale Wirthschaftslehre noch nicht ihre letzten Consequenzen an dieser für Deutschland unentbehrlichen Industrie gezogen hat, der Zerstörung derselben, dieser festen Grundlage aller Staaten, ein Halt! zu gebieten.

Die agrarischen Bestrebungen haben sich dieses Ziel gesetzt. Auf den von ihnen erhofften Wegen werden sie es wohl nicht erreichen. Die staatliche Humanitätslehre mit ihrem Gefolge wirthschaftlicher Einrichtungen, mit ihrer vorschreitenden Concentration siegreich zu bekämpfen — dazu sind sie zu schwach. Was sie aber auch heute schon erreicht haben, ist eine größere Berücksichtigung ihrer Interessen, ist eine Aufklärung über die Grundbedingungen derselben, eine verallgemeinerte Kenntniß ländlicher Zustände, welche den herrschenden liberalen Kreisen bisher fast vollständig mangelte.

---

*) Um ein krasses Beispiel zu nehmen: Wenn ein Schnitter eine Wiese, deren Gras die Natur nur als Dungmittel zur Bereitung einer größeren Humusschicht verwendet, mäht, so ist sein Lohn das gesammte Gras, das er schneiden oder dörren und in Fleisch, Fett oder Bekleidungsstoff für sich umsetzen kann. Die Arbeit lohnt daher, je weiter von der Communikation entfernt, weniger im Gelde, als im Produkte, je näher an derselben, umgekehrt, und wird die landwirthschaftliche Thätigkeit hierdurch gerade in Amerika der Regulator für alle Lohnsätze.

Achtes Kapitel.

Der Socialismus, der dritte und stärkste Kämpfer gegen die Humanitätslehre des 18. Jahrhunderts, soll uns zuletzt beschäf= tigen. Ich kann die Geschichte des Socialismus auch nur aus= zugsweise hier kaum erwähnen. Sie würde uns bis in das graue Alterthum zurückführen. In buntem Wechsel würden wir den Socialismus bald als Staatenlenker auf dem Throne, bald als philosophische Schule, dann wieder als meuternde Sclaven= horde um Besitz und Genuß ringen sehen. Als weltumformende Religion tritt er hier zu Tage, verschwindet dort wieder, wenn er zu Macht und Ansehen gelangt ist, hält sich bei diesem Volke in Permanenz, und tritt bei jenem überhaupt kaum sichtbar an das Tageslicht.

Als die ersten humanistischen Regungen Europa durchzuckten, da war er mitten in denselben, und glaubte in diesen Regungen seine eigenen Bestrebungen zu verwirklichen. Rousseau's Sirenen= stimme vereinte noch die Hoffnungen beider, die durch Freiheit und Gleichheit, durch Rückkehr zur Natur, durch Bekämpfung der bestehenden Autorität ihre Träume in die Wirklichkeit zu übersetzen wähnten. Eine Divergenz beider Richtungen trat deutlich und allgemein erst gegen die Mitte unseres Jahrhunderts hervor.

Ist nun auch beim Socialismus wie bei unserer ganzen übrigen Westeuropäischen Entwickelung die Scheidung zwischen Romanismus nnd Germanenthum fast verschwunden, kann ich mich auch mit den verschiedenen Theorien desselben nicht einzeln hier befassen, zumal viele nur unklare Instinkte dokumentiren, und logisches Denken vermissen lassen, so sind dennoch zwei Hauptrichtungen noch erkennbar, welche sich, wenn auch nicht überall, mit den zwei Haupt= racen der westeuropäischen Gesellschaft decken. Der romanische So= cialismus der neueren Zeit strebt im Großen und Ganzen dahin, die thatsächlich neben der principiellen Freiheit und Gleichheit be= stehende Unfreiheit und Ungleichheit durch Befolgung der liberalen Theorien bis in ihre äußersten Consequenzen zu heilen. Er ver= liert sich dabei leicht in wüste kommunistische Ideen, die Ehe, Eigenthum und andere Fundamental=Bedingungen des Staates, und mehr oder minder auch der menschlichen Gesellschaft aus= schließen. Sein Hauptaugenmerk ist auf Zertrümmerung der be= stehenden Ordnung, auf Untergrabung der vorhandenen Autorität gerichtet, da er dadurch die von der Humanitätslehre geprebigte Gleichheit, und zwar auch die Gleichheit des Genusses der irdischen Güter zu erreichen wähnt. In principiellem Gegensatze zu den Forderungen des Liberalismus steht er größtentheils nicht. So sehen wir denn auch die Communards zur Zeit der letzten socialisti= schen Erhebung in Frankreich Geistliche, Richter und Gensdarmen als Vertreter der Autorität erschießen, dieselben Communards vor den Thüren der Bank von Frankreich*) aber Halt machen; denn an die Stelle der liberalen Einrichtungen, die den gewerblichen Verkehr der Jetztzeit regeln, wußten und konnten sie nichts zu setzen wissen. Und doch sind es diese Einrichtungen gerade, ist es dieser wirthschaftliche Verkehr, welcher ihre Feinde, die bourgeoisie, die sie mit Pulver und Blei bekämpften, erzeugen und erhalten.

In den germanischen Ländern tritt der Socialismus theilweise wissenschaftlicher auf und wollte, wenigstens zu Lassalles Zeit nicht international, sondern auf nationalem Boden die sociale Frage zu lösen versuchen. Wenn nun auch die internationale Humanitätsidee, und gegen dieselbe sind die Bestrebungen des Socialismus, wenn auch zur Zeit noch völlig unbewußt, gerichtet, wenn nun auch diese Idee wiederum nur durch eine neue, eine andere internationale Idee ersetzt werden kann, so ist der letztere Weg doch jedenfalls der kürzere, der am ersten zu einem praktischen Resultate führen

---

*) Ein gehöriges Schröpfen derselben war natürlich nicht ausgeschlossen.

kann. Auch die Humanitätsfrage wurde einst national gelöst und wußte sich dann die Welt zu erobern.

Ich erkenne demnach das Bestehen einer socialen Frage durch= aus an. Sie lautet: — Warum dauert die thatsächliche Unfreiheit und Ungleichheit unter der Herrschaft der Humanitätsidee und dem von ihr diktirten Wirthschaftsrecht weiter fort? Warum vergrößert sich stets die Zahl derer, die an dem geprebigten Ideale von Freiheit und Gleichheit in Wirklichkeit keinen Antheil haben? — Meine Ant= wort hierauf ist schon gegeben: Weil eben diese staatliche Humanitäts= idee in ihren Consequenzen zum wirthschaftlichen Kampfe um das Dasein führt, den jedes menschliche Individuum für sich gegen Alle zu kämpfen hat; weil bei diesem allgemeinen Kampfe Freiheit, Gleich= heit, Brüderlichkeit, undenkbar sind.

Doch die Socialisten, die auch in Deutschland nicht principielle Feinde des Liberalismus, nur thatsächliche der Liberalen geworden waren, beantworten diese Frage anders. Sie streben umgekehrt durch Reformen die wirthschaftliche Zusammensetzung der Gesell= schaft dem liberalen Zeitideale entsprechend umzuändern. Diese Bestrebungen sind an und für sich nicht zu tadeln — sie sind aber aussichtslos, so lange sie sich nicht direkt gegen die staatliche Humanitätsidee wenden, aussichtslos, auch wenn sie durch rohe, durch gewaltsame Mittel die staatliche Herrschaft sich erstreiten sollten, aussichtslos, auch wenn ihnen dies auf völlig legalem Wege gelänge.

Lassalle, einer der hervorragendsten socialistischen Führer Deutschlands, zeigte als Grundlage der heutigen Nothlage der unteren Klassen (des vierten Standes, wie man ihn historisch nennen kann) das eherne Lohngesetz, das sich Geltung verschafft habe. Er sagte: „Unter der freien Herrschaft von Angebot und Nachfrage bleibt der durchschnittliche Arbeitslohn immer auf den nothwendigen Lebensunterhalt beschränkt, der in einem Volke gewohnheitsmäßig zur Fristung der Existenz und zur Fortpflanzung erforderlich ist." — Dies ist selbstverständlich! Der Nachdruck ist auf „Herrschaft von Angebot und Nachfrage" und „gewohnheitsmäßig" zu legen. Ich habe denselben Gedanken all= gemeiner formulirt und sagte: „Die jeweilige Volksmenge ist das Resultat des dem Volke innewohnenden Idealismus („gewohnheits=

mäßig!") und seiner Produktionskraft."*) Wirkt die Humanitäts=
lehre mit ihrem Wirthschaftsrecht auf diese allgemeine Regel, wird
der Produktionskraft keine Schranke gezogen (Menschenproduktion
nicht ausgenommen) wird sie nicht auf andere Weise geleitet als
durch den Magen, so bildet das Quantum Genuß, welches der
Durchschnittsmensch fordert, die alleinige Grenze für die Bevölke=
rungszahl, und das eherne Lohngesetz tritt in Wirksamkeit. Doch
(wohlgemerkt!) nur unter der reinen Herrschaft von An=
gebot und Nachfrage! Nur bei einer völlig ausgebildeten
Industriewirthschaft, nur nach Zerstörung der selbständigen
Existenzen, nach Aufsaugung aller kleinen Kapitalien!! — Denn
wenn Lassalle weiter deducirt: „Besteht nun dies eherne Lohn=
gesetz, so wird von dem Arbeitsertrage (der Produktion) soviel
abgezogen und unter die Arbeiter vertheilt, als zu ihrer Lebens=
fristung erforderlich ist (Arbeitslohn), der ganze Ueberschuß der
Produktion — des Arbeitsertrages — fällt auf den Unternehmer
als Unternehmer=Antheil", so zeigt Lassalle, daß er nur die Fabrik
vor Augen hatte, daß er den Tagelöhner meinte, daß er die De=
possedirung alles selbstständigen kleinen Besitzes schon als geschehen
annahm, daß er die thatsächlichen Verhältnisse außer Rechnung
ließ. Bei uns in Preußen, in Deutschland haben wir eben noch
nicht die reine Herrschaft von Angebot und Nachfrage, noch existiren
kleine Kapitalien, noch ist das Selbständigkeitsgefühl nicht völlig

---

*) Wenn Malthus die Behauptung aufstellte, daß in jedem Lande die
Menschenanzahl schneller zunähme als die Existenzmittel, so ist dieser Satz in
seiner Allgemeinheit falsch. Malthus hatte den feudalen Staat in seiner Ge=
bundenheit unter der Herrschaft des Idealismus, den materialistische Doktrinen
noch wenig erschüttert hatten, vor Augen. Dort hatte seine Ansicht eine gewisse
Berechtigung. Im heutigen Handels= und Industriestaate liegen die Existenzmittel
für ein Volk oft bei den Antipoden. Die Produktion der Existenzmittel schwankt
im gleichen Wellenschlage wie die Menschenproduktion. Wir liegen aber heute
im Welt=Centrum der Macht, die noch keineswegs bis an ihre möglichen Grenzen
ausgedehnt ist.
Jede Eisenbahn in Japan oder Indien, jede Erschließung eines chinesischen
Hafens, schafft uns Existenzmittel.
Ein Anwachsen der Bevölkerung bei uns braucht daher, bei richtiger Wirth=
schaftspolitik, nicht in direktem Zusammenhange mit dem Anwachsen der hei=
mischen Nothdurftsmittel zu stehen.

unterdrückt, und darum eben wirkt das eherne Lohngesetz auf den Ar=
beiter im Tagelohn bis jetzt nur indirekt. Die kleinsten Kapitalisten
— die Viertelbauern, Handwerker, Gewerbetreibenden sind es,
welche unter der von mir oben mitgetheilten Regel die Bevölke=
rungszahl normiren, sie sind es, die direkt von dem ehernen Lohn=
gesetz betroffen sind, und welche heutzutage noch dem reinen Lohn=
arbeiter eine Prämie gewähren, welche sie für ihre Freiheit, für
ihre Selbständigkeit bezahlen. Was heißt es denn, der Tagelohn
eines gewöhnlichen Lohnarbeiters stände in der oder jener Ort=
schaft z. B. auf 80 Pf.? — Es heißt, daß bei diesem Lohnsatze
der selbständige Klein=Producent, der Gärtner, Viertelbauer, Weber,
Schlosser seine Selbständigkeit aufgiebt, (da er nur 70 Pf. zu
verdienen im Stande ist) und das höhere feste Tagelohn auf der
Gutswirthschaft, in der Weberei, der Maschinenfabrik aufsucht.

Diese Freiheitsprämie, die der Kleinproducent an den Tage=
löhner entrichtet, variirt je nach Volkscharakter zwischen 10 bis
30 Procent des Tagelohnes. Unter der Humanitätsherrschaft
haben daher in Deutschland bis jetzt die reinen Lohnarbeiter immer=
hin noch weniger zu leiden als die Klein=Producenten, die bei
Fortdauer dieser Herrschaft ja auch allmählig verschwinden und
die Massen des Proletariats vergrößern müssen.

Doch sehen wir uns vorerst die Mittel an, mit denen die
Socialisten der ungünstigen Lage des Arbeiterstandes entgegenzu=
treten bestrebt sind.

Krasse Communisten appelliren an die Gewalt und meinen,
nach der allgemeinen Theilung werde sich das System schon finden
lassen, nach welchem in Zukunft gelebt werden sollte. Mit ihnen
haben wir uns daher nicht weiter zu beschäftigen. Wohl aber
mit den Socialisten, vor allen, den deutschen. Sie wollen der
planlosen Produktion, wie sie sich ausdrücken, eine geordnete
gegenüberstellen, sie wollen die Arbeit organisiren, den Massen
die Vortheile gewähren, welche das Kapital, das Hauptproduk=
tionsmittel der heutigen Zeit, dem Kapitalisten verleiht. Sind sie
dazu befähigt? Können sie dies Ziel mit ihren Mitteln erreichen?
Mit allen den Institutionen, die auf gegenseitige Unterstützung
basirt sind, mit den Vereinen, die bei Noth und Tod, bei Krank=
heit und Unglück dem einzelnen Individuum zu helfen bestimmt

sind, leider sicherlich nicht. Denn eine Versicherung auf Gegen= seitigkeit vertheilt die schlechte Chance, aufheben kann sie die= selbe nie.

Ebenso wenig können dies — ich möchte sie die rein libe= ralen Mittel nennen; denn daß Kredit=, Vorschuß=, Rohstoff=, Consumvereine an den Gesetzen, die Angebot und Nachfrage regeln, nichts zu ändern vermögen, braucht nicht erst bewiesen zu werden. Der Vortheil der billigeren Produktion wird durch den Nachtheil der größeren für die Producenten wieder aufgehoben, der Mittelstand der kleinen Händler verringert, die Proletarier= zahl erhöht.

Gewerk=, Strike=Vereine sind die Kampfeswaffen, die der Socialist, bei steigender Conjunktur auch mit äußerlichem Erfolge, dem Kapital entgegenhält, dasselbe zu theurer Produktion zwingt, die das Produkt vom Weltmarkt zurückdrängt, und dem Arbeiter den vielleicht ersparten Nothgroschen wieder mit der herunterge= henden Conjunktur abnimmt. Es sind Waffen, die sich stets zu= letzt gegen den Angreifer selbst wenden müssen, die ich aber dar= um ihnen doch nicht nehmen möchte — so lange Ruhe und Ord= nung dabei gewahrt bleiben können, so lange sie selbst noch an die Möglichkeit eines Erfolges glauben — und so lange eben der Angriffskrieg der liberalen Wirthschaftslehre dauert.

Produktiv=Association, auf Selbsthülfe begründet, könnte nur dann ihren Theilhabern einen größeren Genuß an irdischen Gütern garantiren, wenn diese Selbsthülfe befähigt wäre, das Anwachsen der Bevölkerung zu verhindern; unter den heuti= gen Verhältnissen bedeutet sie nur einen Kreditverein mit gemein= samer Haftbarkeit, der den Schwankungen des kaufmännischen Ge= werbes mit unterliegt. Den Unternehmer=Antheil, den sie den Producenten zu geben verspricht, muß sie größtentheils der theuern Leitung opfern, wenn sie überhaupt sich lebensfähig erhalten will. Theuer ist diese Leitung deswegen, weil die Herstellung kaufmän= nisch und technisch gebildeter Menschen, die doch die Concurrenz= fähigkeit des Massenprodukts einzig richtig beurtheilen, und die Schwankungen in Angebot und Nachfrage erkennen können, weil diese Herstellung gleicherweise eine theuere ist, weil sie nur durch Kapital, durch bestehenden Besitz erzeugt wird.

Produktiv-Association mit Staatshülfe ist der Ge-
danke, der einzig logisch durchdacht und einer Entwickelung fähig
ist, der aber bereits den Boden der Humanitätsidee verläßt.
Denn eine Staatshülfe, eine Staatsleitung ist doch nur denkbar
neben einem Staatszwange, der auf Producenten und Consumenten ausgeübt werden müßte. Ob diejenigen, welche dieser
Idee Lassalle's zujubelten, wenn sie die nothwendigen Consequenzen
derselben vor Augen gehabt hätten, die Staatssklaverei in
härterer oder milderer Form, ob sie ihm weiter auf diesem Wege
gefolgt wären — ich glaube es nicht.

Was Lassalle den Arbeitern mitgetheilt, war das eherne
Lohngesetz, was er ihnen verschwiegen — das eherne Han-
delsgesetz (sit venia verbo). Es lautet: „Unter der Herrschaft von
Angebot und Nachfrage wird jeder Unternehmer, der das Produkt
theurer herstellt, als es die äußerste Nothwendigkeit gestattet —
vom Weltmarkt ausgeschlossen.“

Sehen wir uns daher den Unternehmer, Kapitalisten, näher
an, und zwar unter der reinen Herrschaft des heutigen Wirth-
schaftsrechtes.

Der Werth des Produkts besteht also a) aus dem Lebensbedürfniß jener bei Erzeugung des Produkts nöthigen Arbeiter,
b) dem Unternehmer-Antheil. Letzterer ist nun zwar zum Theile
auch der einfache Lohn des Unternehmers für die Leitung der
Produktsherstellung und nur zum andern Theile der wirkliche
Unternehmer-Gewinn; fassen wir aber beides zusammen und sehen
wir, wie dieser Unternehmer-Antheil festgesetzt wird. Etwa durch
den Unternehmer willkürlich selber? Mit nichten, — er stellt sich
vielmehr im Laufe der Zeiten mit dem Wellenschlage der Conjunkturen fest, die durch Angebot und Nachfrage erzeugt werden,
er ist in dem einen Jahre groß, im andern Null, im dritten
Jahre hat der Unternehmer diese oder jene Summe auf das
Lebensbedürfniß der Arbeiter zu erstatten. Wollten letztere im
ersten Jahre theilen, im zweiten wäre eine Theilung überflüssig,
im dritten müßten sie dem Unternehmer ihren gewohnheitsmäßigen
Lebensunterhalt zum Opfer bringen. Mit dem Wellenschlage der
Conjunktur stellt er sich fest, — das heißt, der Unternehmer, der
mit kleinem Kapitale arbeitet, wird von der ersten heruntergehen-

den Woge mit hinabgerissen, je höher die Wogen gehen, je tiefere Schlünde sich öffnen, desto eher ist nur das große, das größere, das größte Kapital im Stande, diesem Wellenschlage zu wider= stehen, und je concentrirter das Kapital, um so heftiger ist eben dieser Wellenschlag. Mit anderen Worten die kleinen, die mitt= leren, die großen Kapitalien, sie werden endlich von den größten verschlungen.

Doch dies ist, wenn auch nur eine Frage der Zeit, immer= hin eine Frage langer Zeit. Die Socialisten sehen die Gegen= wart an und fragen, warum könnte der Unternehmer denn einen Theil seines Antheils, der doch schließlich im Laufe der Jahre eine annähernd bestimmte Quote des Produktwerths darstellt, den Arbeitern nicht abgeben? — Weil dieser auf diese Weise festge= setzte Produktwerth *) das Kapital des Unternehmers ist, weil die Unternehmer=Quote den Zinssatz jenes Kapitals darstellt. Verringern wir andauernd auf irgend eine Weise diesen Zinssatz, so ist der Unternehmer um einen analogen Theil seines Kapitals depossedirt, er hat weniger Kapital. Daß nun aber der Unter= nehmer, indem er einen Theil seines Antheils freiwillig den Ar= beitern überließe, den durch Angebot und Nachfrage festgesetzten Produktwerth nicht erhöhte, ist selbstverständlich — er würde sich eben selber depossediren.

„Aber wir, wir Socialisten, hätten ja dann den Theil dieses Kapitals, und das wäre, was wir wollen." — Wenn ihr den Kapitalisten, der doch die Freiheit hat, unter der Herrschaft von Angebot und Nachfrage den gleichfalls festgesetzten Zinssatz seines Kapitals sich zu suchen, wenn ihr ihn zwingen könnt, dieser Freiheit sich zu begeben — vielleicht.

Alle Hülfe, welche die Socialisten den Arbeitern vielleicht geben könnten, hätte daher als letzte und nothwendige Consequenz den Zwang zur Folge, der eine Weltlage benöthigte, wie sie jedenfalls mit Freiheit und Gleichheit nicht denkbar ist, und darum sind die Socialisten schließlich die Feinde der Humanitätsbewegung des 18. Jahrhunderts.**)

---

*) Oder ein Theil dieses Produktwerthes.

**) Und dieser Zwang wird, wenn auch noch nicht in der socialistischen Theorie, so doch in der Praxis schon überall geübt; er wendet sich gegen die

„Nun gut, was soll aber das „vielleicht"? — Wenn wir So=
cialisten, mit oder ohne Zwang, das Kapital nähmen, so hätten
wir es doch gewiß." — Wäre dies wirklich so gewiß? Ist denn Kapital
nicht blos die Idee an die Fortdauer der jeweiligen wirthschaftlichen
Zustände? Ein Kapital, das keine Zinsen, keinen Genuß brächte,
wäre dies denn noch ein Kapital? Würde nicht vielleicht in dem=
selben Augenblicke, wo diese rohe Kraft sich des Kapitals, des
Geldes bemächtigt hätte, und es zu besitzen wähnte, dies Kapital,
dies Geld nur noch ein leeres Wort, ein Nichts bedeuten? —

Daß der jetzige Zustand ein trauriger, darin haben die So=
cialisten nur allzusehr Recht; — ihr Bestreben, denselben einseitig,
willkürlich zu ändern, kann unter der Herrschaft unserer faktisch
bestehenden Zustände ihnen jedoch wie ihren Feinden nur schaden,
nichts nützen und nichts ändern. Jede Organisation der Arbeit,
um sie für die Arbeiter produktiver zu machen, ist unter dieser Herr=
schaft der humanen Idee — ein Unding. Die Anerkennung aber,
daß diese staatliche Humanität die Quelle dieser unheilvollen Welt=
lage ist, das ist der erste Schritt zur Lösung der socialen Frage,
soweit sie überhaupt gelöst werden kann. Wahre Socialisten
werden daher das gleißnerische Schild der Firma „liberté, égalité,
fraternité" herunterzureißen bestrebt sein. Mit ihrer Bankrutt=
erklärung kann eine bessere Zeit beginnen.

Kapitalisten, Arbeitgeber einerseits, und auch folgerichtig gegen die Bedürfniß=
losigkeit andererseits, steinigt die Chinesen, weil sie sich von schlechtem Fleische
nähren, greift mit Messern die Meister an, die mehr als zwei Gesellen halten,
vertreibt mit Schaufeln die Polen von den Bauplätzen, weil sie mit Schnaps
und Kartoffeln zufrieden sind, zündet Fabriken, Bahnhöfe an 2c.

Neuntes Kapitel.

Laissez faire. Die drei Hauptfeinde des modernen Staates sind zu schwach zu seiner Bekämpfung.

Laissez faire, laissez aller, le monde va de lui-même — dies die Quintessenz der freiheitlichen Wirthschaftslehre, die dem Handel die oberste Stelle einräumte. Und Unrecht hat diese Lehre nicht. Stellen wir uns die Welt als ein Ganzes vor, so könnte durch den Wegfall jeglicher Schranke die Produktion jeden= falls die größtdenkbare, die Menschenmenge die größtmögliche sein. Daß schließlich ein kleiner Erdraum alle Macht in sich schlösse, der die übrige Welt in einer Art Sklaverei hielte, daß nur einige Wenige den Genuß dieser in's Ungeheure gesteigerten Produktion haben würden, ist schon öfters gesagt. Wie würde es dann aber mit den Völkern, wie mit den Ländern stehen, welche diese Völker bewohnen?

Nun, zur rationellen Bewirthschaftung einer jeden Domäne gehört eine übersichtliche Eintheilung, gehört eine Bestellung nur mit den Früchten, welche dem Boden am zuträglichsten sind, ge= hören leistungsfähige Viehracen, um das höchste Quantum an Erzeugnissen hervorzubringen. Nicht anders würde es sich bei Bestellung der Weltdomäne verhalten. Daß dann ein Land, das wir unsere Heimath nennen, etwa in Erzeugung von Wolle und Holz seine größte Produktivität bekundete, daß die anderweitige Produktion als irrationell abzuschaffen, daß zu Schafhirten und Holzhauern sich vielleicht chinesische Kulis oder sibirische Nomaden

am besten eigneten, wäre möglich; möglich auch, daß für den
Deutschen irgendwo ein Plätzchen in Amerika oder Australien sich
fände, wo seine Eigenschaften am gewinnbringendsten ausgenutzt
werden könnten.

Daß diejenigen, die in der größten Produktion das wünschenswerthe Ziel der menschlichen Entwickelung erblicken, daß die Anhänger der goldenen Internationale obigen Satz verfechten und
ihre Anstrengung auf allgemeine Anerkennung desselben richten,
das ist ihnen ja nicht zu verargen. Ihnen gegenüber stehen aber
jene, welche ein ethisches Moment im Menschenleben nicht vermissen möchten, die eine Familie, ein Vaterland nicht entbehren
wollen, welche sich dagegen sträuben, als lebendige Maschinen benutzt, als Dünger für die Massenproduktion betrachtet zu werden.

Wir haben in Deutschland die Verfechter beider Theorien
schon kennen gelernt, in ihren Anfängen allerdings, noch unklar
und ohne Bewußtsein der eigenen Ziele, immerhin aber diese Zielpunkte doch schon in ihren Handlungen dokumentirend. Ist nun
das religiöse Gefühl, ist die vom Liberalismus verurtheilte Kleinindustrie, ist der Proletarierstand befähigt, dem Gange der staatlichen Humanitätsidee eine andere Leitung zu geben? — Sind
es in Deutschland die Hauptvertreter dieser drei Richtungen,
Ultramontane, Agrarier, Socialisten? — Jeder für sich hat
diese Befähigung sicherlich nicht.

Von Seiten der Vertreter der ersten Richtung katholischer
sowohl wie protestantischer Confession wird dieser Anspruch auch
gar nicht erst erhoben. Anerkennung der eigenen Unabhängigkeit,
Wiederaufhebung der Gesetzgebung, welche die letzten Schranken
des wirthschaftlichen Verkehrs hinwegräumte, Unterstützung einer
einfachen Reaktion, Beförderung eines engeren Zusammenschlusses
der benachtheiligten Klassen, um durch gegenseitige Unterstützungen
eine gewisse Sicherung zu schaffen, sind die äußersten Bestrebungen nach staatlicher Richtung hin, die von kirchlicher Seite aus
versucht werden könnten; ich brauche diese Bestrebungen daher
hier nicht nochmals näher zu beleuchten, um ihre Wirkungslosig-
keit zu einer gesellschaftlich-staatlichen Neubildung zu beweisen.

Der deutsche Socialismus hat dieselbe jedenfalls als sein
Ziel im Auge; trotzdem steht er im Großen doch noch auf der

freiheitlichen Grundlage, auf der auch der Liberalismus sein Ge=
bäude gebaut hat; und diese freiheitliche Selbstbestimmung, ver=
bunden mit den materialistischen Anschauungen, die im nördlichen
Deutschland Platz gegriffen haben, erlaubt eben keinen anderen
Entwickelungsgang, als wie er jetzt zu Tage tritt. Daß daher
eine gewaltsame Revolution, welche die socialistischen Elemente
zeitweilig zur Herrschaft brächte, an dem Gange unserer Entwicke=
lung etwas Wesentliches ändern würde und etwas anderes als
einen Personenwechsel herbeiführen könnte, erscheint mehr als
zweifelhaft. Sicher wäre nur ein Massenelend, wie es jede
Krisis begleitet.

Günstiger steht es mit den Bestrebungen der selbständigen
Kleinindustrie, an deren Spitze ich die heutigen Agrarier genannt
habe. Diese Bestrebungen, die ihr Hauptaugenmerk der Selbst=
verwaltung zugewandt haben, bedürfen einer nochmaligen näheren
Beleuchtung, und muß ich vor Allem eine anscheinend merkwür=
dige Thatsache besprechen, daß nämlich von zwei Seiten, die nach
diametral verschiedenen Zielpunkten hin ihre Anstrengungen richten,
ein und dasselbe Hülfsmittel zur Erreichung einer besseren Volks=
lage versucht wird. Von Seiten des Liberalismus ist die Selbst=
verwaltung, die sich als gesetzgebende Körperschaft seit Langem
der Staatsleitung zu bemächtigen gewußt hat, die als Schwur=
gericht einen mehr oder minder großen Einfluß auf das bürger=
liche Leben ausübt, die in den verschiedenen Regierungskörpern,
in Gemeinde, Kreis, Provinz theils seit längerer, theils seit kürzerer
Zeit zur Geltung gekommen ist, und der in Deutschland, speciell
in Preußen ein immer größeres Feld der Thätigkeit eingeräumt
werden soll, — von Seiten des Liberalismus ist die Vorliebe
für diese Selbstverwaltung, hier in Deutschland wie in anderen
Ländern auch, allerdings auf dem idealen Boden erwachsen, der
zu Ende des vorigen Jahrhunderts dem Naturmenschen die höhere
Begabung vindicirte gegenüber dem durch die Verfeinerung der
Civilisation verdorbenen Kulturmenschen.

Dieser Boden verschwand aber überall dort gar bald, wo die
humane Idee die politische Bühne zu betreten begann. Die
Selbstverwaltung, welche die idealen Träumer sich als Selbstzweck
hingestellt hatten, wurde jetzt ein Kampfesmittel, das den Ab=

solutismus durch Hervortreten der Massen bekriegen sollte, mit
dem man die Ueberbleibsel der privilegirten Stände am sichersten
zu bekämpfen wähnte. Da sie nur noch ein Kampfesmittel, war
es nicht zu verwundern, daß sie zur Seite geschoben wurde, sobald
diese Selbstverwaltung sich gegen die Consequenzen des Liberalismus
zu sträuben begann. Es tritt dies in jenem dritten Stadium des
Liberalismus hervor, in welchem er sich bereits zu einem herr=
schenden Stande condensirt hat, und für seine Existenz und seine
Hegemonie streitet.

Jn Deutschland haben wir dies Stadium noch nicht erreicht,
und wurde die Selbstverwaltung daher zur Unschädlichmachung
derjenigen noch lebenskräftig entwickelten Elemente einzuführen er=
strebt, die als Stützen einer absoluten, als Verfechter der feudalen
Jdee von Seiten des Liberalismus noch angesehen wurden. Daß
diese Anschauung meistens eine übertriebene, da der Stand der
größeren Grundbesitzer im Nordosten mit kaufmännischen Jnter=
essen schon eng verflochten, daß die Unkenntniß der thatsächlichen
Zustände dabei klar zu Tage trat, insofern es größtentheils
nur dieselben Personen sein konnten, welchen man den feudalen
Einfluß genommen, um ihnen den der neueren Verwaltung zu
übertragen — ändert an den Jntentionen und Bestrebungen nichts,
welche diese neue Art der Verwaltung in's Leben riefen. Die
Vorenthaltung der niedern Selbstverwaltung gerade bei den
deutschen Provinzen, in welchen Volkscharakter und eine seit Jahr=
hunderten bestehende höhere Kultur, wie sie z. B. die Rheinlande
genießen, eine Selbstverwaltung eher ermöglichen, als in den
preußischen Ostprovinzen, zeigt gerade den rein politischen Cha=
rakter dieser Maßregel.

Anderntheils waren es aber auch die Gegner des Liberalismus
in Stadt und Land, welche gleicherweise hofften, durch das Her=
vorheben der lokalen Jnteressen, durch die Bevorzugung der mit den
örtlichen Bedürfnissen groß gewordenen und mit dem Lande ver=
wachsenen Kräfte die centralisirende Büreaukratie zu bekämpfen
und eben diese lokalen Jnteressen, nöthigenfalls im Gegensatze zur
Allgemeinheit, zu fördern. Der Liberalismus legte den Nachdruck
auf die neue Verwaltung, welche die alte Zeit bekämpfen sollte;

die conservativen Bestrebungen auf das „Selbst" in der Verwaltung, das sich gegen die staatliche Centralisation wehren, die Ma-
joritäts = Dictatur bekämpfen, und Wohlstand und Gesittung im
engen Kreise verbreiten sollte. Beide Theile hatten Unrecht.
Der Liberalismus in Deutschland, speciell in Preußen war
zaghaft an das Verwaltungs = Reformwerk gegangen. Schon in
Vorahnung einer möglichen Gegnerschaft, die er sich in der
Selbstverwaltung heranbilden könnte, hatte er viele Haupt= und
Lebensfragen einer jeden Verwaltung der staatlichen Bürcaukratie
überlassen, die er sicherer zu beherrschen wähnte, hatte er unter
dem Schilde des Staats, des Kulturinteresses jene Institutionen,
die am meisten und tiefsten in das bürgerliche Leben eingreifen,
der selbstgeschaffenen Selbstverwaltung entzogen. Er scheute das
allgemeine Stimmrecht*), behielt sich Schule und Kirche für eine
centrale Beeinflussung und Leitung vor, wälzte die Lasten dagegen
größtentheils auf die Schultern der als Gemeinde, Kreis, Provinz
und anderweitig gebildeten Genossenschaften, und zog für die niedere
Verwaltung, die er in die engsten Grenzen zwischen Verordnung
und Gesetz einzwängte, eine große Zahl von Laien heran, die
nicht besoldet, die er aber, weil sie von den Interessenten gewählt
oder wenigstens aus ihrer Mitte genommen waren, gewissermaßen
als Repräsentanten einer freien Selbstverwaltung hinstellte. In
Wirklichkeit sind letztere eben nur subalterne Bürcaukraten, die
entweder ihre allgemeine Bildung in einer unfruchtbaren Sysiphus=
Arbeit verschwenden, oder die, mit den Vorbedingungen einer Ver=
waltung überhaupt unbekannt, nutz= und zwecklose Friktionen ver=
ursachen, und die eigentliche Leitung derselben den wirklichen Subalternen, vom Amtssekretair aufwärts, überlassen.
Daß letztgenannte Unkenntniß mit der Zeit verschwinden, daß
sich diese Elemente auch mit dem subalternen Bürcaudienst all=
mählich vertraut machen können, ist ja keineswegs ausgeschlossen,
immerhin würde es aber eine volkswirthschaftliche Sünde bleiben,
wenn derartige nur theuer herzustellende Kräfte, statt sich dem

---

*) Möchte es im deutschen Reichstage am liebsten wieder aufheben und
in den Landtagen jedenfalls nicht einführen.

Erwerbe, der Schaffung neuer Werthobjecte zu widmen, oder anstatt idealen Zielpunkten nachzustreben, und dadurch der Gesammtheit zu nützen, in subalterner preußischer Selbstbüreaukratie untergingen.

Gewissermaßen als Entgelt für diese Mängel gewährte der Liberalismus der preußischen Verwaltung eine fast unentwirrbare Anzahl von Instanzen, schaffte er Verwaltungskörper über und neben einander, unterordnete er diese wieder den Gerichtsbehörden, so daß für eine sachliche Behandlung einer jeden Frage für alle, die den Ariadnefaden in diesem Labyrinthe nicht verlieren, Garantien genug geboten sind. Nur die Garantie ließ er vermissen, daß den streitenden Theilen aus dem schließlichen Urtel ein Nutzen erwachsen müsse, da gerade in unserer kaufmännischen Zeit die allzulangen und gewundenen Wege für den Wanderer den Effekt eines geschlossenen Thores machen. Ob durch Ermüdung oder durch ein gewaltsames Hinderniß aufgehalten, er kommt nicht zum Ziele. Summum jus summa injuria. In diesem Theile der neugeschaffenen Verwaltung zeigte der deutsche Liberalismus seine Unfähigkeit, ein lebensfähiges Ganze zu schaffen. Er verfolgte dabei keine Theorie — er war einfach unpraktisch.

Die Hoffnungen von konservativer Seite, durch die Selbstverwaltung die möglichste Autonomie der kleinen kommunalen Verbände zu erstreben, ihre Interessen denen der Gesammtheit gegenüber zu stellen und in diesen verschiedenen Interessen die schützenden Grenzen wieder aufzufinden, welche der frühere Feudalstaat dem Partikularismus gewährte, beruhen auf dem idealen deutschen Bestreben, die eigene Selbständigkeit gegenüber fremder Willkür und fremdem Wollen zu sichern. Zu einer wirklichen Ausführung einer derartig wahren Selbstverwaltung, welche die Folgen der humanen Weltanschauung aufheben könnte, fehlen aber heutzutage alle Elemente. Die Opfer, die ein solcher Zustand gegenseitiger Abgeschlossenheit dem Einzelnen auferlegen würde, eine Abgeschlossenheit, die ein Zurückkehren zu mehr oder minder primitiven Zuständen bedingte, will Niemand ertragen. Die Annehmlichkeiten des leichten Verkehrs, des schnellen Umsatzes, welche die Concentration, das Vorwiegen des kaufmännischen Interesses allmählig geschaffen, will Niemand entbehren. Es sind eben durchaus anders geartete Kulturzustände, als wir sie zur Zeit besitzen, welche eine wirkliche Selbstverwaltung ermöglichen und bedingen, und auch diese conservativen Hoffnungen beruhen daher auf Selbsttäuschung.

Wenn ein Fischer sich seinen Kahn erbauen will, so geht er in den Wald, sucht sich das geeignete Holz, fällt, trocknet, be- arbeitet dasselbe, fügt Kiel, Planken und Steuer zusammen, dann rudert er auf dem fertigen Fahrzeuge in die See. Er leitet und steuert es nach seinem Gutdünken. Das ist wahre Selbstverwal- tung, wie sie im primitiven Ackerbaustaat möglich und durchführbar ist, wo kaum die Handwerke getheilt sind, wo ein Jeder das Thun des Nachbarn übersehen und beurtheilen kann, wo das Interesse des Einzelnen das der Allgemeinheit bedeutet*). — Doch neben dem Kahne des Fischers rauscht ein Dampfer vorüber. Hier schleppt der Eine Kohlen, der Andere heizt, der Dritte ölt die Maschine, der Vierte steuert, und der Fünfte muß auf der Kommandobrücke stehen und seine Befehle ertheilen. Das ist der moderne Handels- und Industriestaat. Hier ist die Theilung der Arbeit schon ein- getreten. Der Eine versteht vom Thun und Lassen des Andern nichts. Will der Heizer sich seinen Steuermann wählen, so wird der Dampfer leicht auf die Sandbank gerathen. Auch auf der Kommandobrücke kann nur der stehen, der das Kommandiren erlernt hat. Eine Selbstverwaltung im Handels- und Industrie- staat kann daher stets nur die Kreise betreffen, welche dieselbe Arbeit, dieselben Interessen vertreten, ein jedes Eingreifen in fremde Wirkungssphären muß unvermeidliche Reibungen zur Folge haben, welche die Gesammtheit schädigen**). Ein Einfügen einer Selbstverwaltung in eine derartige Konstitution ist daher meist nur ein rein äußerliches. Es werden daher auch alle jene Be- strebungen, die von Seiten der durch die Folgen der staatlichen

---

*) In Serbien, in vielen zur Türkei gehörigen Ländern existirt eine der- artige Selbstverwaltung noch heutzutage — dort nennen wir dieselbe Unkultur, derartige Völker nennen wir uncivilisirt.

**) Ein Vergleich unserer Zustände mit denen Englands, dessen einseitige Handelsinteressen eine vermögende Klasse von Privaten auf das ganze Insel- reich abgelagert haben, die sich mit Renn-, Wett-, Angel- und auch mit Ver- waltungs-Sport die Zeit vertreiben, dürfte wohl nicht am Platze sein.

Humanitätsidee geschädigten Kleinindustrie zur Besserung ihrer Lage unternommen werden, und die meistentheils auf der Selbst= verwaltung mit ihrem direkten Einflusse auf die Staatsleitung basiren, nur von geringem Erfolge sein können. Auch sie sind nicht in der Lage, in die Theorie des laissez faire wirkungsvoll einzugreifen und eine Neugestaltung auf besserem Grunde zu unternehmen.

Zehntes Kapitel.

Was soll geschehen? — Der social-konservative Staat, als nothwendiger Ersatz des modernen Staates auf dem Continente.

Ich komme jetzt zum Resultat dieser verschiedenen Betrachtungen. Der Zustand, den die auf der Humanitätsidee basirte constitutionell-liberale Entwickelung für die europäische Staatenfamilie, besonders für diejenigen Länder, in denen das rein kaufmännische Interesse die anderen nicht absorbiren konnte, geschaffen hat, erscheint demnach als kein dauerhafter und für die Zukunft segenbringender. Es ist einerseits zwar eine Vermehrung der Produktion, eine Ansammlung von materiellen Schätzen ermöglicht worden, andererseits aber hat man nicht verstanden, die verschiedenen Gesellschaftsklassen mit einander zu versöhnen, um ein stetiges Zusammenarbeiten für materielle und ideale Zwecke zu ermöglichen, sondern hat diese Klassen schroffer einander gegenübergestellt, da er die Verbindung zwischen ihnen zerstörte.

In Deutschland haben wir drei principielle Feinde dieses Zustandes kennen gelernt, die Anhänger des absoluten religiösen Idealismus, dessen Gebote die neue Zeit verletzt, den neugeschaffenen Proletarierstand, der sich bei den schwankenden Conjunkturen, die seine Existenz bestimmen, in seiner Sicherheit gefährdet fühlt, endlich den Stand der kleinen selbständigen Producenten, vor Allem den Bauernstand, dem die jetzigen wirthschaftlichen Zustände überhaupt die Lebensbedingungen nehmen. *)

---

*) Was jedoch nicht hindert, daß gerade in Preußen, wo die liberale Entwickelung noch neu ist, der Bauer eine Stütze des Liberalismus für die nächsten Jahrzehnte noch abgeben kann. In Süddeutschland deckt sich größtentheils die sociale mit der religiösen Opposition.

In socialer Beziehung bilden die beiden letzten, zusammen mit dem Kaufmannsstande, die drei großen Klassen, welche allmählich alle übrigen in sich aufnehmen. In reinen Handelsstaaten fällt die Klasse der selbständigen Producenten als bedeutungslos fort.

Die Lösung dieses socialen Zustandes, der je länger er dauert, je größere Gefahren herbeiführen muß, kann nur durch eine Rückkehr zur gegenseitigen Verbindung, zur wechselseitigen Verpflichtung, durch die Neuknüpfung eines dem feudalen Bande analogen geschehen, das alle Gesellschaftsklassen zu umfassen hat.

Die Form, die dieser neue Feudalismus bei uns in Preußen, in Deutschland, in allen den Staaten Europa's und Amerika's annehmen muß, welche weder reine Handelsstaaten wie England und Holland, noch welche der Anarchie verfallen sind, wie die von Spanien und spanischen Abkömmlingen bewohnten Länder, ist die des socialen Imperialismus.

Die allmählige Verbindung wird durch den engeren Anschluß an die Staatsidee vorbereitet, durch die Verpflichtung des Staates in ausreichender Weise für alle Staatsangehörigen selbst zu sorgen, durch die Verpflichtung des Staatsbürgers einen Theil seiner Selbständigkeit und einen Theil der Früchte seiner Arbeit dieser Staatsidee zu opfern.

Wer wollte diesem Imperialismus, verglichen mit den Idealen, welche der humanen Entwickelung vorschwebten, wer könnte von vornherein ihm den Vorzug gewähren vor allen denjenigen Staatsformen, vom absoluten Königthum von Gottes Gnaden an bis zur Republik auf breitester Grundlage, Staatsformen, die doch alle ein höheres, ein sittlicheres Princip an ihre Spitze stellen, als die kalte, die berechnete Nützlichkeit! — Gewiß Niemand — wenn eben nicht dies Nützlichkeitsprincip eine Nothwendigkeit geworden wäre, welche als einzige Sicherung für den Bestand unserer idealen und materiellen Güter uns geblieben ist.

„Doch warum sollte nicht, wenn auch die genannten drei Feinde der humanen Entwickelung nicht im Stande wären, die anerkannt traurigen Folgen derselben aufzuheben, warum könnte nicht eine einfache Reaktion, ein Zurückgreifen zu den Maximen, ein Zurückkehren zu den Zuständen, welche uns vor 40, vor

80 Jahren Sicherheit und Genuß gewährten, die Gesellschaft, unser Vaterland, vor der drohenden Massenarmuth der Pöbel= herrschaft, der Anarchie bewahren?"

Weil die heutige europäische Gesellschaft den Glauben an eine göttliche Weltordnung verloren hat; weil sie zwar bei den Bienen noch anerkennt, daß kraft eines höheren Naturgesetzes eine Ein= theilung in Arbeitsbienen, Drohnen und Königin, eine Klassen= theilung zu ihrem Fortkommen nothwendig wäre, — bei den Menschen ein ähnliches Naturgesetz aber als ausgeschlossen an= nimmt, und den freien Willen, die jeweilige Zeitlage, die Zweck= mäßigkeit, die Formen allein bestimmen läßt, unter denen sie zu leiten seien. Daß daher auch für Deutschland, auch für Preußen, ein Königthum von Gottes Gnaden nach seiner innerlichen Seite hin nicht mehr möglich, daß, ganz abgesehen von den Provinzen, die Kriegsglück und die Macht der Verhältnisse zu Preußen geschlagen, abgesehen von den deutschen Staaten, die in mehr oder minder engen Beziehungen zur deutschen Centralmacht stehen, die Regierungsgewalt sich nicht mehr auf Anschauungen stützen, nicht mehr ihre Existenzberechtigung in Principien suchen kann, die im Volksbewußtsein allmählig den Boden verloren haben, ist unbestreitbar. Denn eine jede Regierungsform, sei sie Repu= blik, sei sie Constitution, sei sie Absolutismus, sei sie theokratische Despotie, kann auf die Dauer einer Wechselbeziehung von oben und unten, kann der gleichen Grundanschauungen nicht ent= behren.

„Es sei — wenn nun auch dieses allgemeine Volksbewußt= sein einen höheren Ursprung der Autorität nicht mehr anerkennt, wenn es eine Betheiligung an der Leitung seiner Angelegenheiten fordert, wenn es die Gesetze, die das Land regieren sollen, in gemeinsamer Arbeit aller Staatsbürger, durch die gewählten Ver= treter auf constitutionellem Wege hergestellt wissen will, — sollte nicht jetzt, sollte nicht bald der Moment gekommen sein, wo es die Schädlichkeit vieler dieser Gesetze selbst anerkennt, weil es die verderblichen Folgen derselben zu fühlen beginnt? Lassen wir doch die Constitution wie sie ist; einer kräftigen Hand, welche die Wucherfreiheit, die Freizügigkeit, die Gewerbefreiheit und andere Freiheiten wieder aufhöbe, würde dasselbe Volk, das sie

geschaffen, bald zujubeln. Und wäre es denn kein Gewinn, wenn
der Ausbeutung des Schwachen durch den Starken dadurch wieder
eine Schranke gezogen, die allzugroße und ungesunde Concentra=
tion der Massen in den Städten wenigstens aufgehalten, Solidität
im Gewerbfleiß wieder eingeführt würde? — Sollte es endlich
einer derartigen Reaktion nicht gelingen, der sich mehrenden
Anarchie in den Beziehungen zwischen Arbeitgeber und Arbeit=
nehmer kräftig zu steuern, an Stelle der zunehmenden Verwilde=
rung Ordnung, Respekt vor dem Gesetz und der Autorität, we=
nigstens äußerlich wieder einzuführen, und damit die Grundlage
jedes Schaffens sicher zu stellen?"

Daß alle diejenigen, welche eine Heimath, einen Besitz zu
vertheidigen haben, einer derartigen Reaktion bald zujubeln, oder
mindestens sie geduldig hinnehmen würden, ist möglich, ist wahr=
scheinlich. Es würde dies sogar gewiß sein, sobald die socialen
Regungen in Deutschland ihre ersten Eruptionen zu verzeichnen
gehabt hätten. — Doch was wäre damit bewiesen? — Daß diese
Reaktion der Ausgangspunkt einer gesunderen Entwickelung für
Deutschland sein müsse, doch gewiß nicht. Wären etwa die Folgen
der humanistischen Irrlehren, die eben im Pauperismus bei uns
bestehen, durch sie aufgehoben? — Verlangsamt könnte der Gang
jener Entwickelung vielleicht werden, wenn der Kredit wieder be=
schränkt, die Gebundenheit an die Scholle theilweise wiederherge=
stellt, der Zunftzwang sich in neuer Form wieder Geltung ver=
schaffte, was aber sicher einträte, wäre ein Zurückgehen unserer
heutigen Produktion, eine Verringerung des Nationalreichthums *),
ein Brachliegen eines Theils unserer wirthschaftlichen Kräfte.
Die Massenarmuth, die jetzt concentrirt auftritt, würde sich über
das Land vertheilen, und damit nicht ungefährlicher werden, wenn
die überschießenden Elemente, denen der Ackerbau keine Nahrung
mehr geben kann, die Zahlen des ländlichen Proletariats noch
vergrößerte. Die schwindende Produktion müßte aber nothwen=
diger Weise auch wieder in den besitzenden Klassen das Mißbe=
hagen erzeugen, das die erst gepriesene Reaktion als übereilt, als

---

*) Ohne Berücksichtigung der Vertheilung desselben.

einseitig und ungeschickt geleitet hinstellen würde *) — und die neueste Aera des liberalen Laissez-faire nähme ihren neuesten Aufschwung. Ordnung, Respekt vor dem Gesetz, wird auch der Liberalismus in Deutschland wiederherstellen, und zwar härter und strenger als es in der Gewohnheit der conservativen Parteien liegt, dies gäbe aber für sich allein immer noch keine Grundlage für eine Gestaltung der Produktion, die dem ganzen Volke eine Sicherung der Existenz gewährleisten könnte. Zu einer einseitigen Reaktion, ohne dauernden Nutzen, hierzu allein die nur schwach vorhandenen wirklich konservativen Elemente zu benutzen, hieße sie für die Zukunft unnütz compromittiren, und wäre für Deutschland ein schwerer Fehler.

„Läge es aber nicht in der Macht dieser Elemente, wenn ein günstiger Augenblick ihnen das Heft in die Hand gegeben, grade jene humanistische Richtung, welche doch den Urgrund der unge-sunden socialen Gestaltung abgiebt, allmählig zu ändern, neuen Anschauungen Raum zu gewähren, und damit für die Zukunft einen gesicherten Zustand zu schaffen?"

Nein. Das läge nicht in ihrer Macht.

Diese konservativen Elemente selbst leben schon zu lange auf dem Boden der Humanitätsidee, mit ihrer individuellen Freiheit, mit ihrer Gleichheit. Auch sie würden nur vereinzelt, nur in den kleinen Kreisen, die der religiösen Idee Opfer zu bringen sich nicht scheuen, noch gewillt sein, die Lasten, die Unbequemlichkeiten auf sich zu nehmen, die eine radikale Aenderung unserer jetzigen Zeit-richtung nothgedrungen mit sich führen müßte. Und wenn sie es auch wollten, die Macht würde ihnen fehlen, diesen Willen durch-zusetzen. Denn was wollten sie mit den 5, mit den 10 Millionen Deutschen anfangen, die doch nun heute schon vom Handel, von der Großindustrie, vom Weltverkehr in Deutschland leben? Sollten sie diese Millionen dem Hungertode preisgeben, oder aus ihrem Vaterlande mit Gewalt vertreiben? — Es ist doch nun einmal eine Thatsache, daß Deutschland zum Theil schon ein Handels-

---

*) Es giebt natürlich noch viele andere Momente als dieses rein äußer-liche, welche ein einfaches Zurückschrauben der constitutionellen Schraube als nur von kurzer Dauer erscheinen lassen, doch würde ein Berühren aller dieser Punkte zu weit führen.

und Industriestaat geworden, gegenüber dem reinen Ackerbau und
Handwerksstaate, den es früher darstellte. Auf künstlichem, auf
gezwungenem Wege, entgegen den meisten Vorbedingungen, gegen
viele natürlichen Volksanlagen besonders im Osten — aber es ist
einmal so, und mit dieser Thatsache ist doch zu rechnen. Ein Zu=
rückgreifen auf Zustände, die dem reinen Ackerbau=
staate nützlich, die in ihm möglich waren, kann daher
heutzutage ein Streben ernsthafter Politiker nicht
mehr abgeben. Denn entweder beugen wir uns vor den Haupt=
forderungen der humanen Idee, der Gleichheit, der individuellen
Freiheit, Forderungen, welche die Grundlage abgeben, auf der
der Handels= und Industriestaat naturgemäß erwachsen ist, oder
wir müssen mit der Verwerfung dieser Forderungen auch die
Consequenzen derselben verwerfen, und alle Einrichtungen vernichten,
die mit denselben entstanden sind, und welche die Nahrungsquelle
für Millionen abgeben. Wir müßten den Welthandel einstellen,
Maschinen und Fabriken zerstören, Eisenbahnen und Telegraphen
abschaffen, mit einem Wort zum Ackerbau und Handwerksstaate
zurückkehren. Dies ist einfach unmöglich.

Nein, wir kommen aus den Grundanschauungen, die im vorigen
Jahrhundert ihren siegreichen Rundgang auf der politischen Bühne
Europas antraten, wir kommen aus dem Liberalismus, so gern
wir es wollten, so sehr wir die Nichtigkeit, ja die Schädlichkeit
seiner angepriesenen Universalheilmittel auch anerkennen, nicht mehr
heraus, wenigstens für die nächsten Menschenalter nicht. Wir
müssen uns mit ihnen einrichten, so gut es eben geht; wir
müssen die Consequenzen hinnehmen, sie abzuschwächen suchen;
wir müssen den thatsächlichen Verhältnissen dabei Rechnung tragen,
den deutschen Volkscharakter berücksichtigen, aber stets müssen wir
anerkennen, daß wir mit falschen Theorien operiren, deren An=
wendung uns nur die Nothwendigkeit aufzwingt. —

„Nun, damit könnte dem Liberalismus allerdings nur ge=
dient sein! In der Theorie ihn zu verurtheilen und in der Praxis
ihn willig zu acceptiren, das hieße doch nur das laissez faire
walten lassen, und in der Tasche die Faust ballen!" —

Doch nicht, das Anerkennen der Unwahrheit der Theorie des
Liberalismus macht es allein möglich, die Mittel zu finden, die

zur Heilung, zur Unschädlichmachung seiner Konsequenzen nöthig sind, ohne dabei aus seinen Grundanschauungen allzusehr heraus=zutreten*). Wer von der Theorie nicht mehr geblendet wird, ist allein im Stande, die wahren Zustände zu schauen, ist allein in der Lage, die Stützen dem wankenden Bau unterzuschieben, dessen Baugrund er als fehlerhaft erkannt hat, dessen Zusammenbruch er aber verhindern will, weil der Neubau fehlt, der ein schützendes Obdach gewähren könnte.

„Was heißt es dann aber, den thatsächlichen Verhältnissen Rechnung tragen, den deutschen Volkscharakter berücksichtigen, die verderblichen Folgen des Liberalismus abschwächen? Was bedeuten diese Worte, was soll denn Positives geschehen, um unsere religiösen, wirthschaftlichen, socialen, um unsere politischen Zustände zu bessern?"

Den thatsächlichen Verhältnissen Rechnung tragen, heißt vor Allem unsere Bestrebungen nicht auf eine unnütze und darum ver=derbliche Bekämpfung der bestehenden wirthschaftlichen Zustände zu richten, die wir doch jetzt nicht mächtig genug sind, in principiell andere Bahnen zu lenken, sondern sie auf die Ausgleichung, auf die Besserung derselben zu vereinen. Freiheit und Gleichheit haben unsere liberale Wirthschaftslehre geschaffen, haben uns die Produktionsweise vorgeschrieben, haben uns zum Handels= und Industriestaat gemacht, der, wenn er auch im engeren Sinne gefaßt, die Majorität unserer Mitbürger für sich allein noch keineswegs ernährt, doch auch beim Ackerbau und Handwerk die eigene Noth=durft nicht mehr berücksichtigt, sondern nur das Handelsprodukt als Objekt im Auge hat. Daran ist nichts zu ändern, wir müssen die Massenproduktion nebst ihren Formen beibehalten, wir müssen den menschlichen Egoismus als Hauptfaktor in derselben aner=kennen und walten lassen, wir dürfen weder rohen Zwang gegen sie an=wenden, noch allgemeine Beschränkungen bei ihr wieder einführen**), uns gegen die Concentration in den Industriecentren nicht sträuben, aber die Staatsidee, die Zusammengehörigkeit der Einwohnerschaft eines

---

*) Man könnte doch wohl einmal den Teufel durch Beelzebub vertreiben.
**) Wie sie die Aufhebung der Gewerbe, Zinsfreiheiten, Freizügigkeit u. s. w. mit sich brächte.

Staatsverbandes dürfen wir darüber nicht fallen lassen. Die von
der humanistischen Wirthschaftsmaschine zerbröckelten und zerrie=
benen Existenzen müssen von der Allgemeinheit, müssen vom Staat
aufgelesen und in Sicherheit gebracht werden. Dies ist die erste
Pflicht des Staates, der alle anderen Verbindungen gelöst hat, die
dem einzelnen Individuum früher Schutz gewährten*).

Die zweite Pflicht, die ein derartig gestellter Staat auf sich
zu nehmen hat, ist die stete Vorsorge, das fortdauernde Bestreben,
diejenigen Vortheile, die dem Handels= und Industriestaat nun
einmal gestattet sind, auch dem eigenen Volke zu gewähren. Denn
die socialen Nachtheile des Industriestaates allein für sich zu re=
serviren, die Vortheile aber andern zu überlassen, und für sie die
Kastanien aus dem Feuer zu holen, wäre eine Kurzsichtigkeit, der
sich doch nur Fanatiker einer unverstandenen Theorie schuldig
machen könnten.

Welche Vortheile aber der so geartete Staat gewährt, welche
er gewähren muß, wenn er eine Existenzberechtigung in sich tragen
soll, glaube ich an dem Beispiel Alt=Englands gezeigt zu haben.
Dies Land hat es verstanden, sich die Welt zinsbar zu machen;
es genießt denselben Vorzug, den in früheren Geschichtsperioden
ein Volk, das durch seine größere Körperkraft, durch seinen Muth,
durch die Kunst im Waffenhandwerk über ein schwächeres, ein
verweichlichtes, ein im Kampfe unerfahrenes, sich erstritt; es ge=
nießt diesen Vortheil vermöge seiner geographischen Lage, vermöge
seines arbeitsamen Volkscharakters, vermöge seines kühlen Rechen=
talents; es empfängt diesen Tribut unter dem Schutze, unter der
Herrschaft der Humanitätsidee — das ist eben nur die neue Art
der Vielgestaltung des menschlichen Daseins auf der Erde, die
den Einen zum reichen, den Andern zum armen, den Einen zum
herrschenden, den Andern zum dienenden Theile bestimmte. Die
innere Unwahrheit dieser neuen Art der Gestaltung, die unter
dem idealen Panier der Humanität zur Unterjochung der Völker
und Länder ins Feld rückt, müssen wir eben mit in den Kauf
nehmen.

---

*) Selbsthülfe der mächtigen humanistischen Wirthschaftsmaschine gegenüber
wäre ein Unding.

Besser ist's Hammer als Amboß zu sein! *)

Der Kampf um das Dasein, den jeder Mensch, jedes Volk zu kämpfen hat, ist daher zu einem specifisch wirthschaftlichen geworden. Es gilt die Chancen, die ein Volk vermöge seiner Lage zu Nachbarvölkern, vermöge seiner individuellen Ueberlegenheit an Arbeitskraft, technischem Geschick, Präcision, vermöge einer bereits bestehenden größeren Kapitalskraft besitzt, wirklich auszunutzen, die schwachen Seiten dieses Volkscharakters aber zu schützen, die Ungunst äußerer Verhältnisse abzuwehren.

Die Grundlage eines Handels- und Industriestaates muß daher selbstverständlich das Freihandelsprincip bilden.

Jede künstliche Beschränkung von Angebot und Nachfrage, welche die Produktion lahmlegt, ist ein sicherer Schaden für den idealen Handelsstaat. — Wie aber dann, wenn derartige künstliche Schranken bestehen, ohne daß der Staat, ohne daß Deutschland im Stande ist sie zu beseitigen? wenn Nachbarstaaten sich hermetisch gegen die deutschen Industrieprodukte abschließen, und nur für die freie Ausfuhr ihrer eigenen Haupterzeugnisse sorgen? — Auch dann hat Deutschland das Freihandelsprincip zu wahren, — lautet die landläufige doctrinäre Weisheit — denn durch jede Schranke, die es ziehen wollte, würde der deutsche Consument zum Nutzen des Fabrikanten geschädigt, das Brod, das er sich aus russischem Getreide, das Hemde, das er aus österreichischem Gespinnst sich jetzt billig herstellen kann, würde ihm vertheuert werden.

Meiner Ansicht nach sind billig und theuer relative Begriffe; für den Consumenten, der 40 Pf. täglichen Verdienst hat, scheint mir ein Viergroschenbrot theuer, für den, welcher 2 Mark und darüber gewinnt, billig zu sein. Daß das Wegräumen aller Schranken im allgemeinen wirthschaftlichen Weltinteresse heutzutage liegt, daß daher auch die einseitig geöffnete Schranke der Menschheit von Nutzen sein wird, mag richtig sein, daß aber ein einzelnes Volk, daß Deutschland über einer solchen auf alle Fälle anzuwendenden Theorie wirthschaftlich zu Grunde gehen kann, scheint mir unleugbar.

---

*) Eine Opium-Politik bliebe deswegen immer noch eine Schande.

Nehmen wir an, Südwestrußland, das durch Boden und
Klima Deutschland gegenüber in der landwirthschaftlichen In=
dustrie einen Vorzug genießt, könnte diesen Vortheil durch billigen
Frachtverkehr, oder durch andere Erfindungen, die es für sich an=
wenden könnte, die aber in Deutschland durch Klima oder sonst
wie unmöglich wären, derart ausnutzen, daß bei den für Getreide
und Vieh geöffneten, und für andere Industrieartikel geschlossenen
Grenzen der Tauschwerth der landwirthschaftlichen Produkte ein
derart niedriger würde, daß diese Industrie überhaupt in Deutsch=
land nicht ferner betrieben werden könnte *), was wäre die Folge?
30 Millionen Deutsche, die direkt oder indirekt von der land=
wirthschaftlichen Industrie heute leben, wären brodlos geworden,
sie müßten troß der billigen Nahrungsmittel verhungern, wenn
sie nicht — entweder nach den bevorzugten Gegenden auswandern,
oder sich sämmtlich anderen Industriezweigen zuwenden könnten,
deren Produkte sie nun wieder nach jener Gegend oder anders=
wohin lohnend absetzen müßten.

Ob billig, ob die Produkte in einem Lande theuer sind, ist
für dieß Volk Nebensache, es handelt sich darum, ob dieses Land,
dieses Volk bei unserer heutigen wirthschaftlichen Lage konsum=
tionsfähig ist. — Consumtionsfähig ist aber ein Volk im In=
dustrie= und Handelsstaate, dessen Arbeit lohnt, das heißt, dessen
Arbeit im Auslande mit einem Aufschlag, mit einem agio gegen
die dort heimische Arbeit eingetauscht wird, mit einem Worte, das
sich sichere Absatzgebiete für seine Produkte auf friedlichem oder
auf kriegerischem Wege im Weltverkehre zu erobern gewußt hat. —
Deutschland ist dem Westen Europa's in den meisten wirthschaft=
lichen Beziehungen, bis etwa auf die größere Genügsamkeit seiner
Bevölkerung untergeordnet, dem Osten dagegen, der slavischen Be=
völkerung bei Weitem überlegen. Ein Oeffnen unserer Grenzen
nach Westen bei dem geschlossenen Osten, diese einseitige Anwen=
dung der Freihandelstheorie auf unsere heimischen Verhältnisse bedeutet
daher für Deutschland einen wirthschaftlichen Selbstmord.

---

*) Jede Industrie erfordert noch andere Auslagen als die an Nahrungs=
mitteln für die bei derselben beschäftigten Arbeiter. Diesem angenommenen
crassen Beispiele ähnlich liegt der Fall bei mancher deutschen Industrie.

Unsere wirthschaftliche Lebensfrage gipfelt in der Oeffnung des Ostens. Ist diese voll und ganz geschehen, so können wir auch Freihändler in des Wortes voller Bedeutung werden. Bis dahin muß unser System ein gemischtes bleiben, nicht als Schutz für den Fabrikanten, sondern als Schutz für die Nahrungsquelle unserer Bevölkerung. Hierin den Fabrikanten seinen Arbeitern oder den Consumenten theoretisch gegenüberstellen, ist bei der Herrschaft freier Concurrenz innerhalb eines Landes durchaus falsch. Die Concentration des Kapitals ist eine direkte Folge des Humanitäts-Staates und seiner Vorbedingungen überhaupt. Existirt derselbe aber einmal, dann ist auch das äußere Interesse von Fabrikant und Arbeiter, von Producent und Consument identisch; wie der innere Gegensatz auszugleichen, oder wenigstens möglichst unschädlich zu machen sei, davon sogleich. Hier muß ich nur noch bemerken, daß kein größerer Staat, auch der Freihandelsstaat nicht, eine absolute Abhängigkeit vom Auslande in den Hauptprodukten, die zur Consumtion des eigenen Volkes dienen, ertragen darf. Als solche sind die der landwirthschaftlichen, der Eisen- und der Textil-Industrie anzusehn.

Ein derartiger Handels- und Industrie-Staat, Deutschland, nachdem er sich sein Absatzgebiet gesichert, hat als Fundament des Gedeihens die größtmögliche Gleichmäßigkeit in den Bedingungen seiner Produktion zu erstreben, jeder Ueberstürzung entgegenzutreten, alle willkürlichen Eingriffe zu vermeiden. Da im deutsch-slavischen Volkscharakter der ruhige Verstand von der Phantasie leicht beherrscht wird, so sind Akte der Willkür ein Uebel, das sich bei allen Klassen, bei allen Parteien, sobald sie zur Macht gelangt sind, zu zeigen pflegt; die neuere Gesetzgebung in Preußen hat dies Uebel theilweise zu beseitigen erstrebt, indem sie der Willkühr von Oben herab, der Beamtenwillkür mit Energie entgegengetreten ist. Dies muß dankbar anerkannt werden, wenn sie dabei auch vielfach wieder ihrerseits das richtige Maß innezuhalten unterließ, indem sie den natürlichen Einfluß, die nothwendige Leitung paralisirte, die einer jeden Regierungsgewalt, falls sie ihre Pflicht erfüllen soll, zur Aufrechterhaltung von Ruhe und Ordnung zu gewähren ist. Diese Gesetzgebung beförderte dadurch indirekt die Willkür von Unten, welche gleicherweise einer gedeihlichen

Entwickelung der Produktion hinderlich in den Weg tritt. Eine Beseitigung derselben ist ebenso nothwendig, wie die einer dritten Art von Willkür, die leider in Preußen von Jahr zu Jahr häufiger aufzutreten scheint, ich meine die Willkür der Un-wissenheit. Es ist dies eine Art von Willkür, welche in bester Absicht, nur um zu nützen, um Gefahren abzuwenden, Schaden stiftet, und die geradezu verderblich auftreten würde, falls ihre Verordnungen strikte befolgt und sorgsam ausgeführt würden*). Der Grund hierzu ist in dem Verlassen der alten preußischen Beamtentradition zu suchen, in der Ablösung dieses Beamtenthums vom realen Leben, in der Unterlassung einer wirklichen Ausbildung desselben nach ökonomischer, nach fachmännischer Seite hin**), in der Aufhäufung von Schwierigkeiten, in der Unterbindung jedes freudigen Wirkens, welche eine den praktischen Bedürfnissen nicht angepaßte und eine sachgemäße Leitung oft durchkreuzende Selbst-verwaltung geschaffen hat. So lange wir kein wirklich geschultes, an der Hand der Statistik und der eigenen Anschauung und Er-fahrung durchgebildetes Beamtenthum besitzen, so lange muß auch eine Intervention in die inneren Angelegenheiten einer jeden In-dustrie möglichst unterbleiben.

Diese Anerkennung unserer wirthschaftlichen Lage im Allge-meinen, das Aufgeben einer jeden Bekämpfung derselben nenne ich den thatsächlichen Verhältnissen Rechnung tragen.

Die verderblichen Folgen des Liberalismus abzuschwächen, heißt den Gegensatz, den er zwischen Arbeitgeber und Arbeitnehmer sich hat bilden lassen, möglichst auszugleichen, den Schutz für das einzelne Individuum, den der Liberalismus ihm genommen, wieder-herzustellen. Es ist dies eine Forderung des deutschen Socialismus; zugleich ist es aber eine Forderung wirklicher Humanität, ist es eine Forderung der Staatsklugheit, daß sich nicht das Gesammt-volk in zwei einander feindlich gegenüberstehende Lager allmählich scheide, in das der Besitzenden und das der Besitzlosen, das der

---

*) Ich erinnere nur an die verschiedentlichen Verordnungen sanitärer Natur, an die Erlasse gegen Heuschrecken, Wucherblumen, Kleeseide, Wasserpest u. s. w.
**) Der deutsche Regierungsrath der Zukunft hat, nachdem er vom Professor entlassen ist, sein Jahr beim Bauer, in der Fabrik, beim Bankhause zu ab-solviren.

Wohlhabenden und das der Armen, ohne irgend eine organische Verbindung miteinander.

Diese organische Verbindung ist heutzutage nur noch durch den Communismus, welcher der Staatsidee zu Grunde liegt, herstellbar. Es ist dies nicht jener rohe Communismus, wie wir ihn in den meisten socialistischen Programmen schließlich finden, der eine einfache, möglichst gleichmäßige Theilung aller irdischen Güter und Genüsse verlangt, und der dadurch alle Grundbedingungen eines civilisirten menschlichen Lebens gleichmäßig aufhebt, es ist dies nicht der christliche Communismus, der in seiner Staatenbildenden und Staaterhaltenden Kraft todt ist, und den wir zu neuem staatlichen Leben doch nicht erwecken können*), es ist dies auch nicht der slavische Communismus, der unserer Geschichte, unserm Volkscharakter und unserer Entwickelung zu fern liegt, es ist dies derjenige Communismus, dessen Richtung und dessen Zielpunkte uns Friedrich der Große theilweise schon vorgezeichnet hat. Die Aufgaben, die diesem Staatscommunimus heute zufallen, sind verschiedenster Natur.

Der Staat, der die Wiederherstellung einer Harmonie der wirthschaftlichen Gestaltung seines Volkes als seine Hauptaufgabe betrachtet — der sociale Staat muß selbst Kaufmann werden, er hat nicht nur die Pflicht, die latenten wirthschaftlichen Kräfte zu wecken, den Unternehmungsgeist in seinem Volke anzufachen, die Selbstthätigkeit nach außen zu ermuntern (diese Pflicht bleibt ihm); er hat auch die Pflicht, alle diejenigen Produktionsweisen, welche schon die Idee der gemeinschaftlichen, staatlichen Produktion in sich tragen, allmählich in sich aufzunehmen.

Die humanistische Wirthschaftslehre führte zur Concentration, die Concentration führte zu den großen Produktionsgenossenschaften, den Aktiengesellschaften, denen aber ohne staatliche Leitung der sittliche Kern ermangelt, da bei unserm unkaufmännischen Volkscharakter derartige Aktiengesellschaften die Ausbeutung des einen Theils durch den andern bedeuten, und die Theilung des Volks

---

*) Ist die religiöse Idee bei uns staatlich nicht mehr verwendbar, so muß ihrer individuellen Macht doppelt freier Spielraum gelassen werden, — darum Trennung von Staat und Kirche. Vielleicht wird sie dann derart wieder erstarken, daß sie staatenbildend nochmals werden kann.

in zwei einander gegenüberstehende Lager beschleunigen. — Die erste Pflicht für einen socialen deutschen Staat besteht daher in der Besitznahme des Verkehrswesens, dieser Grundlage für Handel und Industrie. — Eisenbahnen, Kanäle, Flüsse, Chausseen und Vicinalwege muß er, anstatt sie ganz oder theilweise imaginären Landestheilen zu überlassen und hierdurch der einheitlichen Leitung zu entziehen, in staatliche Verwaltung nehmen, zu staatlichem Eigenthum machen. — Als zweite Aufgabe fiele ihm die Ueber= nahme des Versicherungswesens zu, das die Unglücksfälle möglichst zu vertheilen hätte. Alle Unglücksfälle, denen der Einzelne machtlos gegenüber steht, und die heutzutage eine Nahrungsquelle für eine Klasse reiner Consumenten abgeben, die im Privatversicherungs= wesen ihren Unterhalt suchen, finden ihre natürliche Ausgleichung durch das Eintreten der Gesammtheit für die Erhaltung des Ver= mögens und für die sichere Gewährung des Lohnes bei einer sach= gemäß unternommenen produktiven Arbeit*). Die dritte und schwierigste, weil am leichtesten einer mißbräuchlichen Benutzung ausgesetzte Aufgabe liegt in der Gestaltung des socialen Staates als Selbstproducent, als Groß=Industrieller. Die schwerste, aber auch zu gleicher Zeit die wirksamste und dankbarste Pflicht, weil sie ihm die Möglichkeit gewährt den Lohnregulator für das ge= sammte wirthschaftliche Leben im Lande abzugeben, weil sie ihm gestattet, die von der liberalen Wirthschaftspolitik zerbröckelten Elemente produktiv in dieselbe wieder einzufügen. — Daß ein der= artiger Regulator nur von kundiger Hand geleitet sein will, daß der Staat seine Conkurrenz mit der Selbständigkeit und mit der Freiheit, der Privatunternehmer stets mit größter Vorsicht zu führen hat, in den Perioden des Aufschwungs zur Mäßigung mahnen, in denen des wirthschaftlichen Rückgangs unverzagt seine Thätigkeit fortsetzen muß — ist gewiß. Daß aber eine derartig staatlich industrielle Thätigkeit segensreich in Deutschland durchzuführen ist,

---

*) Daß derartige in wenigen Worten ausgedrückte Vorschläge, die zu ihrer Begründung und Detailirung ganze Bücher verlangten, keine ausnahmslose strikte Anwendung in der Praxis finden können, ist mir wohl bewußt, doch kommt es mir hauptsächlich darauf an, die Richtung anzugeben, nach welcher ich eine Besserung unserer Zustände erwarte, und kann ich daher diese kurzen Vorschläge nicht ganz unterdrücken.

und an den Klippen der Unmoralität, Bestechlichkeit, Trägheit nicht Schiffbruch leiden wird, das zeigt Preußen noch heutzutage, das zeigte es besonders, als der Liberalismus noch nicht Hand an's Werk gelegt hatte, die Schöpfungen der Hohenzollern nach dieser Richtung hin zu zerstören.

Hat nun Deutschland sich der Verkehrsstraßen zu Wasser und zu Lande bemächtigt, auf denen Schiffe, Dampfwagen, Mensch und Thier sich ergehen, so darf es selbstverständlich die Verkehrs= straßen des Geldes, des Haupt=Tauschmittels, nicht außer Acht lassen. Das Bankwesen hat keinerlei Berechtigung ein Privileg für Wenige abzugeben. Ist es auch jetzt schon durch die Aktien= gesellschaften für die Allgemeinheit zugänglich, die Garantie, seiner eigentlichen Bedeutung nach, wie etwa heute schon das Post= und Telegraphenwesen, nicht als Selbstzweck, nicht als Einnahmequelle, sondern als Verkehrs= und Handelserleichterung, geführt zu wer= den, kann ihm nur die sichere Leitung des Staates geben. — Daß der Brennpunkt des Handels, die Börse, unter seine Aufsicht zu stellen und gegen Corruption zu schützen sei, ist hiernach nur eine natürliche Forderung der Logik. Für jetzt dürfte es genügen das Maklerwesen als Staatsinstitution zu übernehmen, dem ver= derblichsten Exporte Deutschlands, dem Exporte deutschen Kapitals, deutschen Fleißes, zum Eintausch gegen trügerische Schuldverbind= lichkeiten des Auslands, wirksam entgegenzutreten, und der großen Masse Garantien für die wahrheitsgemäße Schätzung der ver= schiedenen Werthobjekte zu gewähren *).

Ich könnte den Kreis derjenigen Institutionen, welche jetzt privater Ausnutzung unterliegen, und die dereinst für die Ge= sammtheit zu verwalten sind, noch vielfach erweitern, wenn ich nicht wüßte, daß Menschenalter dazu gehören und dazu gehören müssen, bis ein Staat eine derartig kaufmännisch=industrielle Thätig= keit sach= und fachgemäß, unter Berücksichtigung der inneren socialen und der äußeren Handels=Verhältnisse, leiten, und nach allen Seiten Sicherung dadurch zu erzielen im Stande sein kann; eine Institution, deren grundsätzliche Aenderung jedoch nicht verschoben werden darf, muß ich noch nennen, unser preußisches Armenwesen.

*) Siehe Kurszettel.

Ich habe schon öfters gesagt, welches das Grundprincip ist, auf dem die Bevölkerungszahl eines Staates beruht, — auf seiner Produktionskraft und dem ihm innewohnenden Idealismus. Ich will hier nicht untersuchen, ob der Mangel des Einen, oder der Ueberschuß des Andern die Schuld trägt, daß im Osten unseres Vaterlandes eine breite Schicht Elend und Schmutz auf der untersten Stufe der socialen Leiter vegetirt. Ich lasse dahingestellt, ob die Produktionskraft unterbunden, oder der Idealismus in falsche Bahnen gelenkt ist. Es ist ja außerdem unleugbar, daß eine jede noch so materielle Frage sich schließlich in eine Frage der Aesthetik verwandelt: Was ist schön? Was ist häßlich? — Nun, ich will das Häßliche so wenig wie möglich vor Augen haben, und ver= lange daher auch vom socialen Staate, daß er es in möglichst eng gezogene Grenzen zurückdrängt. Ich halte es demnach auch für seine Pflicht, daß er selber die Leitung des Armenwesens über= nimmt, daß er als Lohnregulator zu seiner eigenen Sicherung der allzugroßen Bedürfnißlosigkeit entgegentritt, eine möglichste Aus= gleichung in den Lebensbedingungen erstrebt, und in jedem Fall die völlig unlogische Forderung aufhebt, welche heutzutage von einer in der Luft schwebenden Gemeinde die Erhaltung ihrer Ortsarmen verlangt. Unlogisch ist diese Forderung, weil bei Herrschaft rein individueller Freiheit auch das einzelne Indivi= duum kein Anrecht hat, vor Hunger und Tod geschützt zu werden. Wird dieser Zustand als „unschön" vom Staate verworfen, so kann derselbe von der Gemeinde, der er jeden Einfluß auf ihre Angehörigen entzogen hat, der er keine Macht über Kommen und Gehen, über Vermehrung und Verminderung, keine Zwangsmittel mehr gelassen hat, um ihre Mitglieder zu irgend einer Thätigkeit anzuhalten, — von der Gemeinde kann er auch die Erhaltung der verkommenen Existenzen nicht mehr verlangen, ohne sie selbst vielfach zum Ruine zu führen, oder ohne eben „das Häßliche" als solches einfach zu belassen *).

---

*) Daß auch Zwangsmittel zur Erzielung angemessener Thätigkeit dem Staate gewährt werden müßten, ist selbstverständlich. Ebenso, daß letzterer falsch handelte, wenn er sogleich jedem Hilfsbedürftigen die gleiche Unterstützung gewähren wollte (wie er unzweckmäßiger Weise z. B. jedem Telegraphenboten

Damit schließt sich der wirthschaftliche Ring, den der Staat um seine Mitglieder zu schlingen hat. **Schutz der Individua=** **lität, so lange sie für sich existiren kann, so lange sie** **Selbständigkeit und Freiheit der Sicherheit vorzieht —** **Aufnahme alles dessen, was hülflos nach dem gesell=** **schaftlichen Bande zurückverlangt.** Und dies berechtigte Gefühl der Hülfslosigkeit, dieser unbewußte Protest gegen die Folgerungen des Liberalismus, der das genus humanum in eine Anzahl von bestiae solivagae aufzulösen bestrebt ist, dies ist doch der Grundgedanke des modernen Socialismus, — und wenn er auch noch so unsinnige Statuten und Programme aufstellt, und wenn er in seinen Kommunen, seinen Aufständen, seinen Strikes auch noch so alberne Ziele äußerlich verfolgt.

Dies Eintreten des Staates dort, wo alle andern Verbände fehlen — nenne ich die verderblichen Folgen des Liberalismus abschwächen.

---

bei Köln am Rhein und bei Rybnik in Oberschlesien gleich honorirt). Er durfte doch nicht in denselben Fehler verfallen, welchen die heutige Praxis begeht, die einer Gemeinde im Hinterlande für Kurkosten einer Dirne, die in die Großstadt gezogen, das Tagelohn von 2 Familien pro Tag abverlangt.

Elftes Kapitel.

Innere Gestaltung Deutschlands.

Ja, es ist nur ein Abschwächen. — Denn jede allzugroße Concentration, auch wenn die schroffen Gegensätze gemildert, der Wohlstand verallgemeinert, Noth und Elend in ihrer schlimmsten Gestalt verdrängt wären, birgt Gefahren in sich, die auch eine kräftig selbstbewußte Leitung nicht immer zu bannen im Stande sein könnte. Und auch umgekehrt würde sich eine Regierung, der eine derartige Macht zur freien Verfügung stände, grade, wenn sie sich mit ihr eins wüßte, zu übereiltem Handeln, zu voreiligen Entschlüssen leicht verleiten lassen.

Diese Gefahren zu neutralisiren, ein Gegengewicht zu schaffen, das seinen hemmenden, seinen beruhigenden Einfluß der wach=senden Concentration gegenüber stets auszuüben in der Lage sein würde, giebt es nur ein Mittel, und dies heißt — die Befesti=gung, die Außerkurssetzung des ländlichen Grundbesitzes, vor Allem des kleinen.

Es schließt diese Maßregel allerdings ein direktes Attentat auf die Lehre von der individuellen, von der wirthschaftlichen Freiheit in sich, sie scheint mit den Forderungen des Liberalismus keineswegs vereinbar zu sein; jedoch bedeutet sie immerhin nur eine Inkonsequenz, welcher auch die Mutter des festländischen Liberalismus, Alt=England selbst, wenn auch scheinbar nur zum Nutzen einer verschwindenden Minorität seiner Bevölkerung, sich schuldig gemacht hat, und welche daher verzeihlich erscheint. Der praktische Sinn der Engländer hat eben nie zu derartigen Zu=

spiszungen der humanistischen Lehre sich verstehen können, wie sie bei unsern Theoretikern Gang und Gebe sind.

Die Stadt durch das Land zu bekämpfen, Ausschreitungen in den Industriecentren durch die Macht derer niederzuschlagen, die noch eine Heimath, eine Familie, einen Besitz zu vertheidigen haben, bei denen die Rückerinnerungen an Thron und Altar noch nicht ausgestorben sind, diese Anwendung des divide et impera auf die innere Politik, wäre ja allerdings nur ein klägliches Aus=kunftsmittel, dessen Wirksamkeit auf die Dauer gar bald versagen müßte. Auch daß der Widerstreit, in welchen das selbstbewußte Land mit der Stadt und mit der von letzterer beherrschten Cen=tralregierung sich zeitweise setzen könnte, nicht s t e t s ein nützlicher und gebotener sein müsse, ist wahrscheinlich. Um dieser Möglich=keiten willen aber eine ländliche Bevölkerung in ihrer Selbstän=digkeit aufzugeben, eine Bevölkerung, die zum großen Theile weder die Charaktereigenschaften noch die materielle Fähigkeit besitzt, beim Wellenschlage der Conjunktur der Macht des großen Kapitals zu widerstehen, sie von der städtischen Concentration unterjochen zu lassen *) — das hieße sich doch leichtsinniger Weise der natürlichsten Hülfsmittel entäußern, welche als Basis jedes Con=tinentalstaates den sichersten Schutz gegen äußere und innere Ge=fahren abgeben, von welcher Seite letztere auch kommen könnten. — Hier ist noch die Möglichkeit gegeben der auflösenden Macht der staatlichen Humanitätsidee einen Damm entgegenzusetzen, darum will ich dieses Mittel auch benutzt wissen, und zwar bald, da Gefahr im Verzuge. — Das städtische Kleinbürgerthum, das Handwerk **) gewährt diese Möglichkeit nicht mehr — also stellen wir auch unnütze Versuche nach dieser Richtung hin ein ***), die nur Hoffnungen erwecken, die nicht mehr erfüllbar sind.

Diese Außerhandelskurs=Setzung des Grundbesitzes kann nun keineswegs eine Aenderung des wirthschaftlichen Betriebes be=zwecken, der auf demselben geführt wird, kein Zurückgreifen zu feudalen Einrichtungen, deren Lebensfähigkeit längst geschwunden,

---

*) Was im Osten ja schon zur größeren Hälfte faktisch geschehen ist.
**) Bis auf wenige Ausnahmen (Kunsthandwerk u. s. w.).
***) Genossenschaften und dergleichen.

es muß der einfache Handelsbetrieb bleiben, nach wie vor, nur geschützt durch die staatliche Handelspolitik nach Außen, und ge= schützt durch scharf zu ziehende Grenzen gegen die Zerbröckelung und Abhängigkeit nach Innen. — Ob dieses Ziel nur durch Aenderung des Erbrechts in seiner Allgemeinheit, ob es durch einfache Aufhebung des Pflichttheils zu erreichen, ob speciell fidei= kommissarische Bestimmungen nöthig sind, das kann hier nicht er= örtert werden, dürfte auch gleichgiltig sein, da die Form sich schon finden wird, sobald erst das Prinzip als richtig anerkannt ist.*) Der Nutzen oder Schaden, den das einzelne Individuum hierdurch erlitte, kann den socialen Staat nicht tangiren, daß eine Klasse selbständiger Existenzen, daß ein kräftiger Bauernstand sich nicht allmählig in ein ländliches Proletariat auflöst, — das ist eine Gefahr für Deutschland, der mit allen Mitteln entgegenzu= treten ist.

Doch auch auf den größeren Grundbesitz**), in seiner Allge= meinheit, will ich einen derartigen fideikommissarischen Schutz ausgedehnt, und staatlicherseits ihn befördert wissen. Die alte preußische, die alte deutsche Aristokratie ist als solche längst ver= schwunden, und könnte nur noch zu einem Scheinleben wieder= auferweckt werden; der neuen Aristokratie des socialen Staates — dem Beamten=Adel im Heere, in der Verwaltung, in der Justiz, in der kaufmännisch=industriellen Thätigkeit des Staats, ist eine sichere Geburtsstätte zu gewähren, welche die Wiege einer idealen aufopferungsfähigen Lebensanschauung abzugeben, die Möglichkeit bietet***).

---

*) Eine statutarische Festsetzung auf einige Jahrzehnte in jeder Ortschaft, welche Minimalgröße eine selbständige „Nahrung" besitzen müsse, die Unver= schuldbarkeit dieses Grundbesitzes, und die Festsetzung der Maximallasten (von Staat und Gemeinde) als bestimmte Quote des Reinertrags, scheint mir das wünschenswerthe und den Verhältnissen entsprechende zu sein.

**) Nicht auf den größten; etwa 1000 bis 2000 Hektar als Maximum.

***) Die Ackerdomänen, mit deren Verwaltung durch Verpachtung ich selbstverständlich nicht einverstanden bin, reservire ich mir als Dotation für diesen Beamtenadel.

Dies sind meine agrarischen Forderungen, die jedenfalls
ein besseres Resultat erzielen könnten, als alle die Hülfsmittel,
welche die Selbstverwaltung etwa an die Hand geben könnte;
Hülfsmittel, die, sobald sie zur Wirkung kämen, von dem Gesammtinteresse als feindlich bekämpft und vernichtet werden würden.
Ich habe die Art der Verwaltung, welche ich an Stelle
unserer heut erstrebten halben Selbstverwaltung im socialen Deutschland gesetzt wissen will, schon genannt: ein wissenschaftlich und
praktisch wohl geschultes, materiell sicher gestelltes Beamtenthum vom Schutzmann bis zum Minister, und ihm zur Seite ein
deutsches Schöffenthum vom Gemeinderath bis zum Staatsrath.
Die Exekutive soll den kaiserlichen Staatsbeamten allein überlassen
werden, zu allen berathenden Instanzen muß die Gesammtbevölkerung je nach Zugehörigkeit ihren Beirath stellen. Eine wahrhaft
ordnungsmäßig geführte, die verschiedenen Interessen gleichmäßig
berücksichtigende Verwaltung ist eben in einem Staate, der das
laissez faire verlassen, der die Lösung der socialen Frage zu seiner
Aufgabe gemacht hat, nur noch durch den sorgfältigst für sein
Amt ausgebildeten Beamten denkbar.

Die dem deutschen Volkscharakter, besonders dort, wo er sich
rein zu erhalten gewußt hat, innewohnende Selbständigkeit, die
nothwendige Theilnahme am Wohl und Wehe des Ganzen, wird
aber durch das Zusammenwirken bei der Berathung durch die
Gewährung eines veto an ein Schöffenthum im geeigneten Falle
durch Benutzung desselben als Controllstation für das Beamtenthum, genügend gewahrt*).

Dies nenne ich dem deutschen Volkscharakter Rechnung tragen,
ohne die Sache selbst zu schädigen.

Bei Aufstellung jener agrarischen Forderung der Befestigung
des ländlichen Grundbesitzes, müßen wir jedoch noch einen Seiten-
blick auf unser slavisches Nachbarland Rußland werfen, auf den

---

*) Die zukünftige Einrichtung eines derartigen Schöffenthums in einem
Phantasiegemälde näher auszumalen wäre zwecklos; daß es Materien in nicht
unbedeutender Zahl stets geben wird, die ein Staatsinteresse nicht oder doch
nur kaum berühren, daß in denselben auch eine Selbstverwaltung ihren ange-
messenen Platz finden kann, bleibt unbestritten.

dort herrschenden Ruralcommunismus*), der einen ähnlichen Zweck verfolgt, und der drei Viertheile des Nationalvermögens für sich in Anspruch nimmt.

Es ist ja keine Frage, daß durch jenen Communismus ein großer Theil der wirthschaftlichen Kraft gebunden, daß die Pro- duktion auf ein verhältnißmäßig geringes Maß reducirt, daß auch die Entwicklungsfähigkeit des einzelnen Individuums beschränkt wird, daß aber andererseits für diese Mängel die Sicherheit ein- getauscht wird, eine den nationalen Charakter repräsentirende Volks- klasse in unverminderter Kraft stets lebensfähig zu erhalten. Die Abgeschlossenheit gegen das Ausland, die Fernhaltung der Juden, als einer im wirthschaftlichen Verkehr dem eigenen Volke geistig überlegenen Race, ist ja nur die nothwendige Consequenz dieses Princips, das wir in allen slavischen Ländern mehr oder minder ausgebildet finden**), trotzdem mehren sich in Folge seiner aus- wärtigen Politik die Berührungspunkte, die Rußland mit dem nichtslavischen Europa immer enger liiren. Der Lockung, welche die individuelle Freiheit, die humanistische Gleichheit, die sichere Vermehrung des Nationalvermögens auf ein vom Auslande schon theilweise abhängiges Reich ausüben muß, wird es auf die Länge nicht Widerstand zu leisten vermögen, und in die Bahnen der westeuropäischen Civilisation mehr und mehr einlenken, nachdem es die ersten Schritte dahin, durch die Emancipation der Leib- eigenen, bereits gethan hat. Daß die Ausbreitung dieser Civili- sation nach Osten ein specifisches Interesse Deutschlands bildet, habe ich bereits ausgesprochen. Hoffen wir, daß Rußland die Klippen dieser Civilisation glücklich umschiffen wird. Sie sind für dasselbe gefahrdrohender als für andere Länder; doch bietet auch der dem slavischen Charakter eigne Zug der Hülfsbedürftigkeit, der Anlehnung, der sich staatlich im festen Zusammenhange mit seinem Herrscherhause, mit der Staatsidee im Allgemeinen, ausspricht,

---

*) Eine Institution, die ich ihrem Wesen nach wohl als bekannt voraus- setzen kann.

**) Die österreichischen Südslaven, die türkischen Slaven haben diesen Communismus als Stamm-, Gemeinde-, Familien-Communismus noch größten- theils bewahrt.

eine beffere Gewähr der Vermeidung derfelben, als wir fie im
weftlichen Europa treffen.

Eine diefer gefahrbrohenden Klippen, die auch in Deutfchland
eine häufige Brandung erzeugt, und die bei den agrarifchen Be=
wegungen unferer Zeit öfters an die Oberfläche tritt, befteht in
dem Ueberwiegen einer nicht heimifchen Race (in Oft=Deutfchland
der Juden), die beim Uebergange zum Induftrie= und Handels=
ftaate ihre geiftige Ueberlegenheit an kaufmännifch=klarem Denken
durch Aneignung eines großen Theils der reellen Werthobjekte
fühlbar macht.

Es giebt wohl kein lebendigeres Beifpiel für die Natürlichkeit
einer Klaffentheilung, für die Unwahrheit der humaniftifchen Irr=
lehre von der Geichheit alles deffen, was Menfchenantlitz trägt,
als die Exiftenz des jüdifchen Volksftammes. Unter den ver=
fchiedenften Lebensbedingungen, unter allen Klimaten, auf allen
Erdtheilen ift der Handelserwerb die einzige Nahrungsquelle, welche
diefen Stamm in feiner Gefammtheit erhält. Verfiegt diefe Quelle,
fo find auch alle Vorbedingungen feiner materiellen Exiftenz mit
ihr verfiegt*), und zieht er das traurigfte Gefchick, ja das all=
mählige Ausfterben einer anders gearteten Befchäftigung vor.
Sein ftark entwickelter Erwerbsfinn, ebenfo wie fein ihm unaus=
rottbar innewohnender Idealismus**) fichert dem jüdifchen Volke
jedoch, wenn es fich an der eigentlichen Produktion auch nicht be=
theiligt, und nur die Diftribution, als einen Haupthebel derfelben,
fich zu eigen macht, überall dort, wo fein Lebenselement zu finden,
eine dauernde Vermehrung, eine zunehmende Machterweiterung
gegenüber der eingeborenen Bevölkerung, wenn diefelbe im ge=

---

*) Und diefes Verfiegen kann auch durch das Auftreten einer kaufmännifch
noch begabteren Race bewirkt werden, z. B. der Griechen und Armenier in der
Türkei.

**) Diefer Idealismus ift ftärker entwickelt, als es bei der norddeutfchen
Bevölkerung zur Zeit leider der Fall ift. Man bedenke allein das Opfer, das
er diefem Idealismus durch die Entfagung von Handelsgefchäften an den jüdifchen
Feiertagen bringt. Es ift dies ebenfo unleugbar, wie die Thatfache unbeftreit
bar ift, daß der jüdifche Stamm an der Spitze eines jeden Beutezuges marfchirt,
der gegen die phantaftifche Ignorenz des deutfchen Volkes im gefchäftlichen Leben
bei fteigender Conjunktur geführt wird.

schäftlichen Verkehr phantastisch-maßlos verbleibt, und durch eine diesen Volkscharakter berücksichtigende Gesetzgebung vor dem Verluste ihrer erworbenen Güter im Handelsstaate nicht geschützt wird. — Und hierin liegt allerdings eine Klippe, an welcher der civilisirte Handelsstaat leicht Schiffbruch erleiden kann, wenn außer der Theilung in Reich und Arm, die er befördert und vergrößert, dieser Staat auch noch eine Racentheilung zuläßt, welche die feindlichen einander gegenüberstehenden Lager erbittert, und die daher um so eher zu erschütternden Katastrophen Veranlassung geben kann.

Die Aufgabe, die dem socialen Staate in dieser Racenfrage zufällt, dem Staate, der die möglichste Gleichmäßigkeit auch im Volkscharakter anzubahnen bestrebt sein muß, ist doppelter Natur. Sie ist erstens eine erziehende, eine den deutschen, hauptsächlich den deutsch-slavischen Charakter für die neuen Lebensbedingungen vorbereitende; nicht in der Elementarschule durch unverstandenen Unterricht in volkswirthschaftlicher Theorie, sondern durch die Praxis, durch die Gesetzgebung. Es ist dem Schwindel zu steuern, der bis in die untersten Klassen das wirthschaftliche Leben Deutschlands vergiftet, der die meisten Unternehmungen in fast allen Volksklassen nicht auf solider Grundlage des eigenen Besitzes, der ersparten Arbeit, sondern auf die Gewinnsthoffnung, auf den Kredit basirt, und hiermit dem Betruge einer- und der Ausbeutung andererseits Thür und Thor öffnet. Die unreelle, in Ostdeutschland fast allgemein übliche Entnahme, selbst der nothwendigsten Lebensmittel, auf Borg ist zu verhindern, sie hat unendlich mehr Unheil angestiftet, als alle Spielbanken der Welt. Und Spiel, Spekulation ist beides, sowohl die Kreditentnahme als das Pharao, das Eine offen, das Andere versteckt. Ist der Mensch sich erst bewußt, daß er spielt, daß der Einsatz auch verloren gehen kann, so hat das Spiel seine Hauptgefahr schon verloren.

Eine drakonische Gesetzgebung*), die den Baarhandel wieder einführte, die der reellen Unternehmung zu gute käme, und welche die Kartenhäuser hinwegfegte, die jede Krisis verdoppeln, wäre

---

*) Die Uneinklagbarkeit aller auf Borg zum Selbstverbrauche entnommenen Artikel wäre das erste nach dieser Richtung hin zu erlassende Gesetz.

die heilsamste; sie könnte eine wirkliche Volkserziehung im wirth=
schaftlichen Verkehr und Erwerbe bewirken, die der Ausbeutung
den wirksamsten Riegel vorschöbe. — Klarheit und Wahrheit
sind und bleiben die sichersten Stützen, die im gesellschaftlichen,
gewerblichen, die im Staatsleben gesunde Zustände erhalten; und
liegen im Volkscharakter Momente, welche Unklarheit und Un=
wahrheit begünstigen, so müssen sie eben mit allen Mitteln be=
kämpft werden.

Hierdurch allein kann der Deutsch=Slave zu einem wirth=
schaftlich wehrhaftem Manne gemacht werden. Daß diese Wehr=
haftigkeit an sich nicht genügt, um ihm im Kampfe gegen die fort=
schreitende Concentration der wirthschaftlichen Kräfte den Sieg zu
verleihen, habe ich schon ausgesprochen, und auch die Mittel an=
gegeben, mit denen er in diesem Kampfe zu unterstützen ist; immer=
hin bleibt sie aber die Basis einer Besserung seiner Lage, und
ist dem genossenschaftlichen Wesen, das ja denselben Zweck verfolgt,
bei weitem vorzuziehen.

Die zweite Aufgabe, welche dem socialen Deutschland in dieser
Racenfrage zufiele, wäre die ausgiebige Benutzung der jüdischen
Nationaleigenschaften zum Besten des Staates. Die Fächer, in
welchen dieselben verwerthbar, liegen auf der Hand. Die kauf=
männisch=industrielle Thätigkeit, welche dem socialen Handelsstaate
heutzutage zufallen muß, würde im Osten unseres Vaterlandes
noch vielfach der Elemente entbehren, die eine für die Allgemeinheit
ersprießliche Verwendung garantirten. Hier wäre für Jahrzehnte
hinaus ein ergiebiges Feld gegeben, auf dem jene Fähigkeiten für
das Gesammtinteresse nutzbar gemacht werden müßten, Fähigkeiten,
deren praktische Erfolge dann auch mit den für unsere Gewohn=
heiten und Sitten oft anstößigen Seiten des jüdischen National=
charakters uns aussöhnen könnten.

Zwölftes Kapitel.

Steuersystem. Schluß.

Wenn ich der Vollständigkeit halber hier noch über das Finanz- und Steuersystem einige Worte hinzufüge, so muß ich voranschicken, daß dasselbe in Deutschland zu einer Wichtigkeit aufgebauscht zu werden pflegt, die ihm principiell keineswegs zukommt. „Gerechtigkeit" in der Besteuerung einer Erwerbsklasse zu verlangen, ist eine unklare Forderung. Es giebt weder an sich gerechte noch ungerechte Steuern. — Steuern werden vom Staate erhoben, um der Allgemeinheit eine gesicherte Existenz zu gewähren, nicht um Polizeimaßregeln auszuführen. Schädigen sie hierbei eine Erwerbsklasse dergestalt, daß sie deren Existenz bedrohen, so sind sie immer ungerecht, auch wenn sie noch so geringfügig wären; kann sich diese Klasse jedoch trotz der Steuern zu einem steigenden Wohlstande entwickeln, so sind sie gerecht, auch wenn sie nominell sich noch so hoch stellen würden. Das Resultat, das die Besteuerung hervorruft, ist daher der alleinige Maßstab für Gerechtigkeit oder Ungerechtigkeit derselben, und muß die Zweckmäßigkeit bei Veranlagung derselben allein entscheiden.

Dies Resultat, welches eine Verarmung und ein Hinschwinden des kleinen Producenten darstellt, wird aber nur zu einem verhältnißmäßig geringen Theile durch die Besteuerung hervorgerufen, zu einem andern Theile sind es die allgemeinen Umwandlungen, welche die Neuzeit in Lebens- und Weltanschauung, in Religion *)

---

*) Die enge Verbindung der religiösen Grundanschauung mit der Gestaltung des wirthschaftlichen Lebens wird ja fast allgemein übersehen.

und im Rechte, zu einem großen Theile (besonders in Preußen)
sind es die communalen Zustände, die dieses Resultat herbeiführen.
Denn die Wirkung, welche eine vom Staate dekretirte Steuer
thatsächlich ausübt, ist bei den vielfach unabgelösten Realleistungen,
bei den Staatsverpflichtungen, die der Commune aufgebürdet sind,
bei uns kaum annähernd zu taxiren, und schädigt eine derartige
Ungleichmäßigkeit die Stetigkeit der Produktion, die im Handels=
und Industriestaat die Grundlage für eine gedeihliche Entwicke=
lung abgiebt.

Daß ferner in dem Finanzsystem ein unverstandenes Han=
delsinteresse in Deutschland die Vorsorge für industrielle Thätig=
keit beeinträchtigt, zeigt als Beispiel die hohe Besteuerung, welcher
der Tabaksbau bei fast freier Einfuhr dieses Artikels unterliegt,
am besten. Eine Industrie, die in vielen Gegenden unseres
Vaterlandes eine consumtionsfähige Bevölkerung zu erzeugen im
Stande wäre, wird in ihre engsten Grenzen gebannt, aber der
Billigkeit dieser Waare Rechnung getragen.

Steht nun aber der Werth der Lebensnothdurft im Allge=
meinen in inniger Wechselbeziehung zu der Consumtionsfähigkeit
einer Nation, deutet Billigkeit dieser Nothdurft im civilisirten
Handelsstaate eher auf Elend als auf Wohlhabenheit hin, so muß
die erste Sorge eines derartigen Staates stets auf Hebung der
industriellen Thätigkeit, die zweite erst auf Billigkeit des Import=
artikels und auf das Handelsinteresse im eigenen Lande gerichtet
sein. Eine Ausnahme wäre allerdings zu concediren, falls jener
Importartikel einen Rohstoff darstellte, dessen Verarbeitung für
das Ausland dem Heimathslande gleichfalls eine blühende In=
dustrie zusicherte, was beim Tabak aber bei den nach allen Seiten
geschlossenen Grenzen nicht der Fall ist.

Ich komme hierbei auch zur Beantwortung der Frage, ob
direkten Steuern auf das Einkommen, oder indirekten bei uns der
Vorzug gebührt. Die Antwort hierauf giebt mir der deutsche
Volkscharakter.

So lange der Deutsche die direkten Steuern als Entziehung
seines Eigenthums betrachtet, so lange er seinen Erwerb in seiner
Gesammtheit als Grundlage seiner Lebensstellung ansieht, und
letztere danach einrichtet, so lange wird eine direkte Besteuerung

zu dauernder Unzufriedenheit führen, und die Klagen über Steuer-
druck nicht schweigen lassen; und dies wird eben so lange währen,
als der deutsche Nationalcharakter ein unkaufmännischer verbleibt.
So lange ist daher auch der indirekten Besteuerung der Vorzug
zu geben.

Es sprechen jedoch noch zwei andere gewichtige Gründe für
eine größere Benutzung letzterer Form zur Erlangung derjenigen
Quote des Nationaleinkommens, die der moderne Staat zu seiner
Erhaltung bedarf, und dies ist erstens das stete Bedürfniß an
Macht und Machtmitteln, welcher derselbe benöthigt. Eine direkte
Besteuerung würde in Krisen aller Art gar leicht versagen.

Der fernere Grund reicht mehr in das Gebiet der Ethik hinüber. — Bei Erfüllung der gerechtfertigten Forderungen des
heutigen Socialismus kann die Grenze gegen die ungerechtfertigten,
gegen alle diejenigen, welche das Eigenthum, die Familie bedrohen, welche gegen Religion, gegen eine geordnete Staatsleitung
überhaupt gerichtet sind, und die damit die Basis einer jeden
civilisirten Gesellschaft zerstören würden, nicht scharf genug gezogen
werden. Und da grade das deutsche, heutzutage noch allgemein
vorherrschende Gefühl der direkten Steuer den Charakter eines
Eingriffes in das Privatvermögen vindicirt, muß auch der Schein
vermieden werden, der den Staat als Angreifer gegen das individuelle Eigenthum hinstellen könnte. In der Commune bleibt
jener Steuer immerhin noch ein Platz reservirt, nur müßte er
von der Person getrennt und der Erwerbsquelle allein zugewandt sein.

* * *

Daß ein derartig sociales Deutschland nur mit e i n e r Spitze
denkbar, daß es nicht als Spielball der Partheien seinen Pflichten
zu genügen im Stande sein kann, liegt in der Sache selbst.

Der heutige Parlamentarismus ist eben der formelle Gegensatz eines socialen Staates, der mit starker Hand die Entwickelung
des eigenen Volkes selbst leiten, der die Schäden heilen soll,
welche eine falsch angewandte Humanitätsidee geschaffen hat. Besteht nun die äußerliche Hauptsorge des neuen Staates in der
Steigerung der Produktion, in staatlicher Ausgleichung bei Ver-

theilung ihrer Früchte, in der Oeffnung neuer Absatzgebiete für dieselbe, so wäre es eine Verläugnung der Grundbedingungen aller menschlich=gesellschaftlichen Existenz, wollte er den noch vor= handenen Idealismus, in welchen äußeren Formen er auch auf= träte, gering achten, oder gar ihn principiell als feindlich be= kämpfen.

Den national=staatlichen Idealismus durch die Gefahren des Partikularismus zu Falle zu bringen, Deutschlands Macht und Größe durch Theilung der einheitlichen Zielpunkte der Hand zu= fälliger äußerer politischer Constellationen zu überlassen, das wird demjenigen, der Deutschlands Wiedergeburt mit Stolz und Freude begrüßt hat, ernstlich nicht mehr in den Sinn kommen können.

Die Ueberzeugung aber, an dieser Theilung, wenn auch unbe= wußt, mitzuarbeiten, wird hoffentlich in denjenigen Kreisen, welche den Kulturkampf zu seiner jetzigen Schärfe sich haben zuspitzen lassen, nicht zu spät sich Bahn brechen.

Jene eine Spitze anderswo zu suchen, als in unserm Herrscher= hause, wäre bestenfalls das Streben eines Phantasten. Das Haus Hohenzollern hat Preußen stets Fürsten gegeben, die mit dem ganzen Gewicht ihrer Person für die neuen Aufgaben eintraten, welche ihre Zeit erforderte. Die Hoffnung ist daher keine eitle, daß auch das geeinigte Deutschland auf den Wegen, die einzig noch zu einer dauernden Wiederaussöhnung der feindlich einander gegenüber stehenden Volksklassen leiten, die auf eine frische Blüthe in unserm Vaterlande, auf Wohlstand und Gesittung allein noch hinweisen, daß es auf diesen Wegen, als sicheren Führer die nationale, die legitime Dynastie der Hohenzollern finden wird.

Aber freilich setzt dies eine starke Vergrößerung der kaiser= lichen Macht voraus; ihre Beschränkungen durch den Parlamen= tarismus müssen eben so sehr weichen, wie die fortwährenden Rücksichtnahmen auf das deutsche Kleinfürstenthum. Wir dürfen nicht zugeben, daß derartige Beschränkungen und Rücksichtnahmen die materielle Wiederaufrichtung der Nation unmöglich machen. Wir wollen ein mächtiges Kaiserthum herstellen, und unsere Devise kann nur sein „pro Caesare".

Druck von G. Bernstein in Berlin.